국^학의 _{故鄉}향 고
만^{滿洲}주를 가다
國學

어느 CEO의 서북간도 답사기

어느 CEO의 서북간도 답사기

국學하의 故鄕향고
만滿洲주를 가다

김 종 성

한국학술정보

| 머리말 |

　예전에는 학교에서 애국정신과 충효사상에 대하여 강조하면서 국가와 사회의 일원으로서 살아가면서 기본적으로 가져야 할 소양에 대한 교육을 시행하였지만 요즘은 젊은이들에게서 나라사랑과 예의ㆍ예절에 대한 기본을 찾기가 매우 어려운 현실임을 느끼게 된다.

　혹시나 산업화와 민주화라는 명목으로 애써 개인주의화 하는 것이 당연시 되는 것은 아닌지, 산업화와 민주주의제가 서구의 제도이니 우리도 그들의 생활양식을 따라 개인화 하는 것이 당연한 것처럼 받아들이는 것은 아닌지. 그러나 우리가 잘못 생각하고 있는 것이다.

　서구의 세계는 지금 그들 나라의 이익을 위하여 극단적으로라도 애국주의를 표방하고 시행하는 정책을 채택하고 있다. 선거제도를 통한 민주주의화는 국민에게 기회의 평등을 부여하고 공정한 경쟁의 원리를 기본으로 하는 사회운영체계의 일환으로 전 세계의 거의 모든 나라가 채택하여 운영하는 제도로서 이는 개인주의가 목적이 아니고 각 개인의 인격을 존중하여 나라를 경영하자는 정신이 바탕에 깔려있는 것이다.

　따라서 산업화와 민주화는 그 자체가 목적이 아니라 국가의 부강과 국민의 복리증진을 위한 과정과 제도이므로 이를 개인주의의 조장으로 잘못 이해하여서는 안 된다. 특히나 서구나라가 가지고 있지 않는 충효사상이 개인주의화로 인하여 무너져서는 안 된다. 우리나라의 교육은 애국정신과 예의 · 예절에 대한 교육을 강화시켜 그 기초를 튼튼히 할 필요가 있다.

지금 우리나라 대한민국은 어떻게 태어났는지 잘 인식해야 한다. 근세조선은 그 말기에 서구 열강의 틈바구니에서 자강의 국가시책도 마련하지 못하고 외교역량도 발휘하지 못함으로써 결국 망국의 길을 걷게 되는데 이 때 나타난 사상이 단군국조의 정신과 숭앙 운동이다.

애국정신이 쇠퇴하면 국가가 망하는 길로 들어서게 된다. 그리고 뒤늦게 한민족의 시조인 단군을 찾게 되고 단군정신을 되찾기 위한 노력들이 이어진다. 그러다가 다시 단군정신이 약해지면 애국정신이 쇠퇴하게 되고, 또 망국의 길로 들어서고, 반복의 역사를 거듭하여 왔다.

고조선 시대는 단군정신의 쇠퇴로 인하여 47대 고열가 단군을 끝으로 막을 내리니 부여의 해모수는 스스로 단군을 칭하고 단군정신의 부활을 외쳤다. 시월 제천행사인 영고는 그러한 민족문화 행사의 하나였다. 후신인 고구려는 창업공신 중 한사람인 극재사로 하여금 단군시대부터 전해져 내려오던 경전인《삼일신고》를 되살려 '삼일신고 읽는 법'을 반포함으로써 단군정신을 계승하여 국가의 기본 철학으로 삼았으며 시월제 동맹은 단군정신을 기리는 제천행사이다. 고구려를 계승한 발해는 태조고왕(대조영)이 〈삼일신고예찬〉을 직접 찬술하고 문적원감 임아상으로 하여금 그 뜻을 풀이하게 하여 백성들이 쉽게 알도록 하였으며, 아우 대야발로 하여금 〈삼일신고 머리말〉을 쓰게 하고 단군과 기자조선의 역사서인《단기고사》를 저술케 하였으며, 3대 문왕은 이를 전부 백두산 보본단에 비장케 하여 영원히 없어지지 않게 하였던 것이다. 이후 금나라 태조 완안 아골타는 김함보의 자손으로서 나라 이름도 금(金)으로 함으로써 백두산 이남에 있는 고려는 침략하지 않았고 백두산을 신성시하였으며 청나라의 건국 시조 누르하치는 금나라를 계승을 자처하고 나라이름을 대금(大金)으로 하고 별칭 후금(後金)하였으니 이는 곳 금나라의 위대함을 이어 받았음을 만천하에 공포한 것이다. 이후 백두산은 만주족의 영산으로 여겨 오랫동안 봉금령으로 인하여 출입이 엄격히 통제되어 최고의 순수한 신비를 유지하고자 하였으며 시월에는 정기적으로 제천의식을 행함으로써 하늘의 신에게 고하고 하늘의 자손으로서의 보본을 행하는 국조 단군의 천제보본의 의식을 이어 왔던 것이다.

　고려는 팔관회 행사를 통하여 불교의 연등제와 별개인 민족 행사를 계속 유지시켜 왔으며 몽고의 침입을 당하여 다시《삼국유사》등의 저술 활동이 활발하게 진행되면서 단군역사와 정신의 회복을 위한 시대적 각성이 일기도 했지만 고려 말 정치적 무능으로 민심이 이반함으로써 근세조선이 성립하게 된다. 근세조선은 고려후기에 유행한 성리학에 기반한 정책을 펼쳤지만, 국가의 근간은 국조의 뿌리를 찾는 것이라는 지배층의 반성으로《동국여지승람》·《제왕운기》등의 책을 통하여 단군의 역사는 다시 조명되었고, 그러한 사조는 이어져 나가는 듯하다가 성리학의 학문에 방해된다는 논리로 단군관련 역사서, 철학서를 회수하여 없애기 시작하면서 주체를 상실한 소중화에 매몰되었다. 또한 같은 단군민족인 청나라를 업신여겨 두 번에 걸친 병화를 당하고, 그러고도 세도정치에 빠져 나라를 걱정하는 부국강병과 애국의 정신은 점점 더욱 쇠퇴해 갔다. 이에 국가보다도 가문을 생각하는 멸국의 풍조가 싹터 결국 허약한 나라는 망국의 길로 들어서게 된다.

위정자들의 이러한 역사적 몰인식과는 달리 늦으나마 우국식자층 사이에는 이미 민족 시원의 역사와 정신을 되살리려는 노력은 시작되고 있었다. 먼저 백두산에서 도천수도하던 백봉신사와 그 제자들이 1904년에 《단군교포명서》를 발포하였다. 백봉신사는 제자들을 만주, 중국, 일본 등 국내외로 파견하여 우국지사들에게 단군의 가르침과 역사를 전파하고자 노력하였다. 이에 선택된 우국지사가 홍암 나철이었다. 나철은 백봉집단과 국내와 일본에서의 총 세 차례 접촉에서 《단군교포명서》와 《삼일신고》, 《신사기》 등의 전래의 민족경전을 접하게 된다. 나철은 매국노를 처단하기 위한 을사오적암살과 일본 정치인에 대한 동북아 평화구축안이 실패하자 이제는 단순한 무력이나 정치적 행위로는 나라를 되살리기가 불가함을 깨닫고 '비록 나라는 망해도 정신만은 살려야 한다(國雖亡而道可存)'는 일념으로 한민족의 시조인 단군정신 아래 뭉친다면 나라를 다시 되찾을 수 있다고 확신하였다. 이에 동지들과 함께 국파민멸에 이르게 된 근본 원인이 사대주의의 그릇된 교육으로 인하여 민족의식이 사라진 데 있음을 통감했다. 그리고 1909년 1월 15일(음) 취운정 아래 육간 초옥에서 단군대황조신위를 모시고 제천의식을 거행하였다. 이 날이 고려시대 몽고 침입 이후 닫혀졌던 단군의 가르침이 세상에 다시 반포된 날이며, 단군교(후에 대종교)가 다시 한민족의 역사에 복원된 중광절(重光節)이다.

홍암 나철은 구체적인 구국활동 계획에 들어갔다. 겉으로는 종교활동이지만 여기에 동조하는 모든 우국지사들에게 특별한 임무를 부여하게 된다. 예관 신규식에게는 중국국민당 손문을 직접 예방케 하여 외교적 관계를 쌓게 하고, 이는 이후 국민당의 후원으로 상해에 임시정부를 조직하여 국제무대에서 외교적 중심의 역할을 맡게 된다. 단애 윤세복으로 하여금 가산을 정리해 남만주에 진출케 하여 환인현을 중심으로 시교활동을 하면서 동창학교를 세워 민족교육을 강화하고 남만주 항일 세력의 정신적 지주로서의 역할을 담당케 하였다. 북간도에는 백포 서일로 하여금 시교활동과 더불어 명동학교를 세워 후학을 양성하고 민족정신을 고취토록 하였다. 서일은 북만주 일대의 최강 무장단체인 북로군정서의 최고의 수장으로서, 김좌진·이범석 등으로 하여금 청산리 전투를 승리로 이끌게 하였으며, 봉오동 전투를 승리로 이끈 대한독립군의 홍범도 장군과의 합동 작전으로 대승을 거두었던 것이다. 국내에서는 무원 김교헌(대종교명으로는 김헌)으로 하여금 단군민족사와 단군문화사인 《신단실기》와 《신단민사》를 저술케 하여 민족사의 큰 맥락을 완성하였고, 그 동안 우리가 무심코 행하여 왔던 민속행사가 대부분 단군 국조를 기리는 내용이었다는 사실을 밝혀내었다. 이후 대종교가 일제의 압박에 못 이겨 만주로 망명할 당시, 김교헌은 서울 전동(磚洞)에 있던 340칸짜리 저택을 정리하여 시교와 독립자금에 충당하게 된다.

이 책에 적은 자취는 이러한 역사적 현장에 대한 답사기이다. 이 현장은 과거 우리 선조들이 홍익인간의 이상을 실현하기 위하여 활동하던 무대였다. 단군 국조의 정신과 철학을 계승·발전시키기 위해 노력했던 근거였다. 그리고 최근에는 우리의 선배들이 처절한 환경 속에 풍찬노숙을 하면서 나라를 되찾겠다고 총칼 들고 싸우던 공간이었다. 역사인식의 무지 속에서 그저 풍요에 안주하며 살아가는 오늘의 우리들에게, 이 자취의 기록은 우리를 다시 생각하게 하는 소중한 계기가 될 것으로 확신한다.

　고구려시대의 유적·유물, 발해시대의 유적·유물, 금나라시대의 유적·유물, 그리고 항일운동의 발자취, 이 모든 것들이 우리의 현재를 있게 한 과거의 귀중한 경험(역사)들이다. 이것을 바로 보고 인식할 때 우리가 누구인가를 분명히 깨달을 수 있으리라.

　더불어 우리만의 자랑인 하늘공경의 사상과 제천보본의 정신은 인류의 미래를 위해서도 묻어둘 수 없는 가치다. 우리의 홍익인간과 제세이화의 지도이념이 결코 추상적 구호가 아닌 세계평화의 나침반임을 확신하는 이유다.

단기 4353(2020)년 8월 15일

淳元 김 종 성

|차례|

1차국학답사이동경로

항공 ▶
버스 ▶

금대조룡
금상경역사박물관
안중근의사기념관
흑룡강성박물관
731부대

● 하얼빈(1박)

흑룡강성
영안지역

동경성 발해상경용천부
발해역사박물관
발해농장, 발해보통학교 유지
목단강 액하감옥(額穆河)
대종교총본사 舊址

● 해림(1박)

봉오통전적지(도문)
왕청(십리평, 덕원리)
북로군정서유지

● 왕청

● 장춘

● 연길(2박)

위만황궁박물관
길림

발해중경현덕부
삼종사묘역
백두산천지, 내두산촌
청산리전투전적지

● 인천

2차 국학답사이동경로

항공 ··············▶
버스 ───────▶

五愛새벽시장,요녕성박물관,신락유지(신석기)

●심양(1박)

유하현 삼원보 경학사 터, 통화 합니하 신흥무관학교 유지

●동화(1박)

환도산성,산성하고문군,국내성,장군총,호태왕릉비,광개토대왕릉,오회문묘,집안박물관, 모두루묘지

●집안(1박)

오녀산성(박물관),동창학교지역,창의부성립활동지역,동창학교문교'노학당',황도천촌,상하고자성자고문군,미창구무덤,허투아라성(赫图阿拉城)

●환인(1박)

●인천

제1차 답사

북간도
답사기

단기 4347(2014)
8. 13~8.17(4박 5일)

첫째 날 | 단기4347년(2014). 8. 13(수)

　요즘의 여행의 의미는 옛날에 비하여는 많이 퇴색해 보인다. 오늘날은 예전보다 여행의 기회도 많다 보니 여행에 대한 즐거움 자체로 끝나고 의미에 대한 회상은 덜 한 것 같다.

　여행은 익숙한 것과의 결별을 하고 한가로운 여정을 통하여 마음과 정신을 충전하고 새로운 마음으로 생활의 활력을 주는 역할을 하기도 한다. 높은 산을 오르고 넓은 바다를 보면서 또한 광활한 벌판을 달리면서 천지(天地)의 드넓은 기운을 마시고 웅대한 기상을 기르는 일 또한 여행이 가지는 묘미가 아닐 수 없다. 그리고 또한 책과 얘기로만 간접 경험한 역사적 사실을 확인하고 대대손손 변치 않는 강역을 돌아보며 현세에 살고 있는 사람들과 만물의 상황에 비추어 고금에 변해온 자취를 찾아 보는 것은 참으로 여행에 있어서 최고의 가치가 아닌가 생각된다.

　이런 의미에서 이번 여행은 단순한 리프레시의 차원을 뛰어넘어 아득한 옛날부터 우리의 선조들이 자리잡은 터전을 돌아보며 우리의 지금을 반추해 보고 가깝게는 일제강점기 망국의 시기에 국권회복을 위하여 몸을 던져 독립투쟁을 전개한 역사의 현장을 직접 답사하며 체험을 해봄으로써 민족의 흥망성쇠의 열쇠를 찾는 작업이 되리라는 확신이 든 것은 이번 여행의 의무감이 컸다는 반증이리라.

　이러한 의무감을 마음에 품고 독수리 같은 매서운 시력과 시야, 냉철한 가슴으로 임해야겠다는 생각에 잠을 설치고 약간 몽롱한 상태로 집을 나서 공항으로 향하였다. 약속 장소에 한 사람, 두 사람 모여들더니 서로 인사하고 안부를 묻는다. 누군가가 가져온 백설기 떡을 나누어 먹으며 설렘으로 가득 찬 허기진 배를 달래어 본다.

　일행 20명은 중국 남방항공을 타고 (오후 1시 20분 출발) 인천국제 공항에서 장춘(長春)으로 향하였다. 2시간에 걸쳐 도착하여 일본 만주 괴뢰정부의 박물관인 위만(僞滿)황궁박물관을 관람하였다.(입장료 80위안. 1만 3,600원 상당)

　장춘은 일제가 만주국을 건설하기 위하여 급조한 도시로 만주국의 수도로 삼았으며 초기의 명칭은 신경(新京)이었다. 일제는 꼭두각시 만주국(괴뢰정부)을 만들고 푸이(溥儀: 청나라 마지막 황제)를 꼭두각시로 내세워 일본의 의도대로 만주를 지배하였다.

　서기 1931년 일본 관동군은 만주사변을 일으켜 만주를 점령하고 1932년 3월 1일 푸이를 황제로 내세워 괴뢰국을 세웠던 것이다. 만주국은 이후 일본이 제2차 세계대전에서 패망함에 따라 서기 1945년 8월 18일에 붕괴되었다.

　(관동군은 청일전쟁과 러일전쟁에서 승리한 일본이 요동반도를 조차지로 확보하고 이곳에 주둔할 부대 1개 사단을 파견하였는데 이것이 관동군의 시초였다. 처음에는 여순. 대련 지역에 주둔하였으나 만주 사변 이후에는 만주 전 지역을 관장하였다. 일본은 만주국 설립이전에 이미 1909년 9월 4일 청나라와 간도협약을 체결하고 두만강으로 양보하고 만주철도 부설권을 획득하여 만주의 경제적 지배권의 우위을 확보하였다)

만주사변 | 만주사변은 1931년 9월 18일 류타오후(柳條湖)사건으로 시작된 일본의 만주 침략전쟁으로 만주군벌 장작림(張作霖)의 폭살사건 이후 그의 아들 장학량(張學良)이 장개석의 중국 국민당과 손을 잡고 일본에 저항하는 태도를 보이는 한편, 소련이 안정된 경제발전을 이루어

가자 이에 자극받은 군부와 우익세력 중에는 만주를 식민지화하여 주요 자원과 군수물자의 공급처로 만들어야 한다는 움직임이 활발히 일어났다. 관동군 참모 이타가키를 중심으로 만주침략 계획을 모의한 이들은 봉천(奉天, 현 심양) 외곽의 류타오후에서 자기네 관할이던 만주철도를 스스로 파괴하고 이를 중국측 소행이라고 트집잡아 철도보호를 구실로 군사행동을 개시하였다. 관동군은 전격적인 군사작전으로 만주 전역을 점령하고 1932년 3월 1일 괴뢰 만주국을 세워 실질적인 지배권을 행사하였다. 이에 중국은 국제연맹에 일본의 침략행위를 호소하였고 국제연맹은 조사단을 파견하여 사실을 조사하고 일본군의 철수를 권고하였으나 일본은 이를 거부하고 1933년 3월 국제연맹을 탈퇴하였다. 이후 일본은 본격적인 파시즘 체제로 전환하였으며 중일전쟁과 태평양전쟁을 차례로 일으켰다. 푸이 황제의 일거수 일투족을 감시하면서 모든 행동과 결정과정에 관여한 관동군의 여러 시설과 행태를 보면서 국제사회의 눈을 속이려는 간악하고 사악한 일제의 지배방식의 전형을 보는 느낌이었다.

박물관 입구 앞뜰에는 강택민(장쩌민) 전 주석이 새겨 놓은 "잊지 말자 9.18"(勿忘 9.18)이라는 표지석이 서 있음을 볼 때 일본의 만주사변에 의한 침략과 그에에 대한 치욕을 잊지 말자는 뜻이리라.

장춘에서 저녁식사를 하고 전세버스로 7시간을 달려가니 캄캄한 밤에 시골길을 달리는 기분은 60~70년대 우리나라 가로등이 없는 시골길을 달리는 기분이었다. 장춘에서 이도백하(二道白河)로 가는 길목에는 길림(지린)시와 돈화시가 있는데 길림성의 성도가 길림시가 아닌 것이 이상해 보인다. 특히 돈화시는 발해 고왕 대조영이 서기 698년 고구려의 유민을 모아 대진국의 국호로 발해를 건국한 동모산이 있는 곳이다. 한마디로 발해의 수도였던 곳이다.

입구에서 본 위만황궁박물관의 모습. '9·18을 잊지 말자'는
장쩌민(江澤民)의 휘호가 새겨져 있다.

일제 패망 당시 장춘이 점령당하자 최후 항전을 계획했던 곳이 돈화
시였음을 볼 때, 동모산을 중심으로 한 돈화 지역이 전쟁을 유리하게 전
개할 수 있는 요새지역임을 알 수 있다. 이번 일정상에는 빠졌지만 언젠
가는 한번 꼭 가봐야 할 곳이다. 발해의 체취를 느끼지 못하고 지나침이
못내 아쉽다.

새벽 3시에 백두산 아래 이도백하 마을에 도착하여 여장을 풀었다. 이
도백하는 백두산 아래 첫 도시이다.

이도백하에서 우리가 묵었던 명호호텔

잠을 자는 둥 마는 둥 5시에 일어나 조식 후 6시에 백두산으로 출발하였다. 저녁에 도착하여 보지 못했던 시내의 모습이 보인다. 백두산 아래 첫 동네라는 이도백하(二道白河), 백두산 천지에서 발원한 송화강 상류가 이도백하인데 그 이름을 그대로 딴 것이다. 이도백하의 거리의 모습이 낯설어 보이지 않는다.

우리 일행의 편안하게 이동시켜준 답사버스

모든 간판은 한글과 한문이 병용 표기되어 있는데 여기는 조선족 연변자치주이므로 모든 상호의 병용표기가 의무화 되어 있다고 한다. 재미있는 것은 한글을 먼저 쓰고 한문을 나중에 쓰도록 되어 있다.(위아래로 쓸 경우 위에는 한글, 아래는 한문으로, 좌우로 쓸 경우에는 좌측에 한글, 우측에 한문을 쓰도록 하고 있다) 우리와 같은 민족이요 독립군의 후손들이 살고 있는 우리와 함께 숨쉬고 있는 조선족이 있다는 생각에 마음이 매우 편안해짐을 느낀다.

차창 밖으로 펼쳐지는 백두산(중국인들은 長白山으로 불렀다) 길가의 나무들은 장백낙엽송이라고 하며 미인송(美人松) 공원에는 늘씬늘씬하게 쭉쭉 뻗은 미인송이 그 아름다움의 자태를 뽐내며 빽빽하게 들어서 있다. 백두산에 가까워 올수록 삼림은 침엽수가 우거진 열대림을 보는 것 같은 느낌이 든다. 강수량이 적은 미국 서부지역이나 유럽, 중국의 해안 지역의 민둥산과 비교하면 마음의 풍요를 느끼지 않을 수 없다.

아침 7시임에도 백두산 입구에는 이미 사람들로 인하여 인산인해를 이루었다. 백두산 천지에 오르는 길은 중국 쪽에서는 북파 코스와 서파 코스인데 우리 일행은 북파코스를 선택하였다.

백두산 정산으로 오르는 첫 관문(중국에서 쓰는 장백산으로 적혀있다)

백두산은 6월부터 8월까지가 관광 성수기라 사람들이 많은데 이제 막바지 8월은 방학에 휴가철까지 겹쳐 관광의 절정기를 이루고 있는 것이리라. 진행요원의 지시를 받으며 일정한 단위로 입구를 통과하니 또다시 사람의 산과 사람의 바다를 만났다. 인산인해에 몸을 맡기니 사람들의 부딪힘이 구름 가듯 하도다. 저절로 버스 승강장에 도착하니 30인승 셔틀버스에 몸을 맡기게 되었다(입장료 120위엔. 셔틀버스비 80위엔). 버스를 타고 차창 밖으로 비친 백두산의 삼림은 하늘을 찌르는 자작나무의 위용이 매섭고 길 중간 중간에 맹수의 출현을 경계하는 경고판이 설치되어 있는 것을 보니 사람의 발길이 닿지 않는 자연의 세계가 여기 있고 동물조차 인간의 방해없이 자유롭게 살아가는 자연의 낙원이 펼쳐지고 있음을 느끼게 된다.

중간에서 다시 10인승 봉고차로 갈아타고(일인당 80위안) 백두산 정상으로 올라가는데 구불구불한 언덕길을 운전하는 운전사는 곡예단의 마술사 같고 타고 있는 승객은 롤러코스터 놀이기구를 타는 기분이었다. 이는 분명 보통 운전면허증이 아닌 특수 운전면허증의 소유자들임에 틀림없을 것이다.

올라가는 중간 차 안에서 바라보는 아래의 광경에는 거대한 평야가 펼쳐져 있다. 분명 천평(天坪)이리라. 옛 고구려, 발해인들이 지배했던 광활한 만주벌판이다. 먼지를 일으키며 말을 달리는 고구려인과 발해인, 금나라 아골타의 군대와 청나라의 팔기군의 늠름한 기상이 앞에 선하다. 아래에 내려다보이는 저 넓은 들판에서 우리의 선조들은 땅을 일구며 하늘을 노래하고 말을 달리며 천하를 호령하며 천신을 받들며 하늘의 뜻을 이 땅에 펼쳤을 것이다. 그리하여 이 땅에 홍익인간의 인류 보편 철학과 자연의 이치로 다스리는 이화세계를 펼쳤던 것이다.

드디어 백두산 정상이다. 그렇게 오매불망하던 백두산의 따뜻한 품안에 안기었다. 너무나 반가운 마음에 가슴의 흙을 긁어 냄새 맡고 입맞춤하니 백두산과 내가 하나가 되는 느낌이라!

높고 높다 저 한밝메여

한울 복판에 우뚝 솟았네

안개구름 자욱함이여

일만 산악의 조종이로다

한배검 한울에서 내려오시니

거룩할사 배달의 대궐이시요

나라를 세우고 교화를 펴사

온 누리를 싸고 덮었네.

-발해 고왕이 지은《삼일신고예찬》중에서-

백두산 천지(한울못)

천지(天池) | 칼데라호(caldera湖)인 천지는 면적이 9.17제곱km, 둘레 14.4km, 동서길이 3.6km, 남북길이 4.4km로 약간 길쭉한 달걀 모양이다. 평균 수심 214m, 최대 수심 384m이다. 천지 둘레는 장군봉을 비롯한 화구벽 오봉(五峯)이 병풍처럼 둘러 서 있다. 이 화구벽에서는 남쪽의 불목이라고 하는 파극(破隙)을 통해서만 호반으로 내려갈 수 있으며 호반일대에 약간의 평평한 땅이 있을 뿐 그 밖에는 깎아 세운 듯한

절벽뿐이다. 호수 북쪽의 한 곳이 터져서 물이 흘러 나가는 달문(闥門)이라고 하는 화구뢰(火口瀨)를 이룬다. 호수는 여기서부터 흘러내려 650m 북류하다가 용암벽에 막혀 길이 68m의 장백폭포를 이루면서 협곡을 만들어 이도백하로 이어져 송화강으로 유입된다. 탕수평(湯水坪)에서는 온천이 솟아난다. 천지에 시원을 둔 폭포는 백두폭포, 사기문폭포, 형제폭포, 백두밀영폭포 등이며 압록강 상류와 두만강 상류, 송화강의 상류를 만드는 이도백하, 삼도백하, 사도백하(백두천), 오도백하(토문강)로 흘러들어 간다. 대종교의 원로인 호석 강우는 〈종문수통대략(倧門垂統大略)〉에서 "아득한 그 옛날 혼란한 시기, 하늘이 처음 갈려질 때, 천신의 하강하실 위치를 찾으니 곧 천하사방의 으뜸인 동방이요, 천하 만악(萬嶽)의 조종인 천산(天山, 白頭山)이었다. 박달나무에 푸른 구름이 서리고, 부상(扶桑)의 붉은 해가 와서 비치는데 현묘한 종문대교(倧門大敎) 창설하시고 366언(言)의 신고(神誥)로 가르치시니 3진(眞)과 3망(妄)의 진리도(眞理圖)가 여기서 인간세상에 나타났으며, 평화스러운 영궁보위(靈宮寶位)에 앉으시고 366사(事)의 선한 정사로 통치하시니, 5륜(倫)과 5계(戒)의 윤리학이 여기서 지구상에 발명되었도다. 희미하던 공간이 처음 트여 모든 생물이 화육(化育)하고 인류문화가 비로소 열려 교를 통할하니, 천하의 큰 근본이요 천하의 통달한 도라. 백가제자(百家諸子) 후손 후학의 천만 가지 설명이 도두 여기를 벗어나지 못하였다."라는 가치를 부여했다. 백두산을 모든 산의 가장 높은 우두머리 산으로 생각하심은 외형상의 크기만이 아니라 그 뜻에 담겨 있는 정신의 지주이기 때문이리라.

백두산은 상봉을 중심으로 남북 1천여 리, 동서 6백리의 면적에 주로 현무암층으로 이루어져 있다. 그래서 백두산 성상에도 흙과 함께 현무암의 돌들이 같이 뒹굴고 있다. 백두산의 가장 높은 봉우리는 북한쪽의 장군봉으로 2,750미터이고 우리는 중국지역 북파쪽으로 올라갔는데 천문봉이 있는 곳이다. 천지의 최대 수심은 384미터, 평균수심은 214미터, 천지둘레는 14키로미터, 호수의 물의 양은 20억 입방미터이다.

정상에서 내려다 본 천지(天池)의 모습은 백두산의 크고 작은 봉우리에 둘러싸여 보호받는 느낌이라 이는 성스러운 보물을 지키는 천군(天軍) 대장들의 모습이라. 이는 한민족이 영원히 없어지지 않고 번성하리라는 뜻이리라. 봉우리에 둘러싸인 천지는 주변의 오빠들의 보호를 받는 어린 소녀처럼 쪽빛 치마를 걸치고 수줍어 하며 넘실대는 모습이 봄바람에 일렁이는 아지랑이와 같다. 그렇게도 보고 싶었던 백두산 천지의 장대한 모습은 나의 허전한 마음을 일시에 채워주니 이것이 바로 배달의 혼이요 단군 한배검의 정신이리라. 배달민족의 영광과 회한이 함께 밀려오는 벅찬 감정을 어찌 억누를 수 있을 것인가! 배달 민족의 혼의 뿌리요 정신의 기원인 민족의 시원 단군 한배검께 원도해 본다.

하늘이시여!
단군 왕검님 이시여!
올바른 민족의식을 자각하여
본연의 혼을 되찾음으로써
남북한이 하나 되어 통일을 이루게 하시고
한민족의 홍익인간 이화세계의 정신으로
세계인류의 올바른 도덕적 인도를
이루게 하소서!
이 한 몸 비록 힘이 없으나
같이 할 수 있는 동지들을 보내 주시고
전위대를 통하여

모든 민족이 일심단결하여
　　홍익의 길로 정진할 수 있도록
　　도와주소서!

　대종교의 성열인 육당 최남선도《백두산 근참기》에서 〈대백두 대천지의 덕을 찬탄하는 글〉을 아래와 같이 남겼다.

　　일심으로 백두천왕께 귀명(歸命)합니다.
　　우리 종성(種姓)의 근원이시며
　　우리 문화의 연원(淵源)이시며
　　우리 국토의 초석(礎石)이시며
　　우리 역사의 포태(胞胎)이시며
　　우리 생명의 양분(養分)이시며
　　우리 정신의 편책(鞭策)이시며
　　우리 이상의 지주(支柱)이시며
　　우리 운명의 효모(酵母)이신
　　백두대천왕 전에 일심으로 귀명합니다.

　이어 최남선은 "조선인의 천(天)은 백두산이다. 그런데 백두산의 천(天)됨은 실로 천지(天池)로 인해서이다. 천지라고 하여도 그것이 지(池)라는 것이 아니라 천(天) 그것이다. 천의 표상으로 조선인의 신앙을 지은 대신체(大神體)가 실로 천지라는 천이다."라고 하여 인류 최초로 하늘과 땅이 열린 곳 백두산 천지에서 온 인류가 시작하고 모든 문화와 종교가 태어났음을 밝히고 있다.

　민세 안재홍 역시《백두산등척기》를 통해 "백두산은 동방에서 가장 큰 산이다. 조선과 만주의 여러 산이 이 산으로 조종(祖宗)을 삼는다. 천리에 잇닿는 기세가 9천 5백여 척의 높은 봉우리와 가로 세로 4, 5백리의 대수해(大樹海)에 잠긴 큰 고원이다. 천지의 깊고도 아스라한 풍경과 아득하고 신령스러움, 삼엄하면서도 고요함, 웅장하고 드넓으며, 텅 비어 아마득함이 툭 트여 아무 걸림 없는 으뜸의 신비경이다.…(중략)…백두산은 동방 산악의 조종이어서 조선과 만주의 산악은 여기서 떨어져 나온 여룡(餘龍)이 아님이 없다. 멀리 발해를 건너 산동성의 태산까지도 마천령산맥을 거쳐 간 백두의 여맥인 것이다. 우리 단군민족인 한민족은 세계에서 가장 진보한 국가체계를 제일 먼저 건설하고 태백산(즉, 백두산)에 하강하신 천왕과 천제인 환인을 숭봉하는 정교합일(政教合一)의 통치를 하게 되었으며 북부여와 동부여의 해모수와 해부루, 고구려의 해주몽(고주몽)은 모두 천제의 아들이요, 또 단군의 계승자로서 백두천산의 정기를 이어온 법통이다.”라고 찬탄하였다.

백두산 천지는 변화무쌍한 기후 때문에 등정한 사람들이 대부분 천지의 모습을 보지 못하고 돌아오기 일쑤다. 가이드는 백두산의 이름의 유래가 백번 가면 천지를 두 번밖에 볼 수 없다 하여 지어졌다는 농담으로 특별한 일자와 시간을 잘 맞추어야 한다고 하는데 어찌 그 누가 그것을 알 수 있겠는가? 실제로 1년 중 백두산 천지를 구경할 수 있는 날은 60~70일 정도에 불과하다고 한다.

보통사람들에게는 맑은 모습을 보여주지 않는 백두산 천지의 모습은 국학연구소 답사단 20명에게 커다란 행운의 선물을 안겨주었다. 바람 한 점 없는 맑은 하늘과 살랑살랑 불어오는 실바람이 평화로운 환웅 할아버지의 신시의 느낌을 그대로 전해 준다. 그야말로 천운(天運)이다. 현존하는 신시의 모습처럼 환웅님, 단군님이 우리를 기특하게 여기시어 본

모습을 뚜렷하게 보여 주시니 이런 홍은(弘恩)이 어디 있을 것인가! 답사단 일행은 참으로 복 받은 단군의 후예임을 자랑스럽게 느끼게 된다.

호반에 내려가서 천지의 쪽빛 물을 만지며 배달국의 체취를 직접 느끼고자 하는 마음이 간절했으나 경비원이 막아서니 그 뜻을 이루지 못하였다. 가족들과 천지를 배경으로 기념촬영을 하고 기념 선물 몇 개 사고 있는데 가이드는 하산준비를 하자고 재촉을 한다.

(오전 10시에 등정을 마치고 내려오는데 구름이 몰려오고 있었다. 이후 등정자들은 천지를 볼 수 없었다)

한민족의 신의 이야기(단군신화) | 우리 한민족의 시조가 단군이라는 사실은 한국인이라면 누구나 잘 알고 있다. 단군이 백두산에 하강하여 나라를 세웠다는 건국설화를 학교에서 배우며 자라왔다. 아주 옛날 환인(하느님)의 아들 환웅(대웅)이 무리 3천을 거느리고 태백산 신단수에 내려와 교화를 펼치시니 그 곳을 신시(神市)라 하였다. 환웅이 웅녀(곰녀 =검녀=신녀)와 결혼하여 단군왕검을 낳으셨으니 단군을 시조로 하는 우리 한민족은 신의 자손인 것이다. 즉 천자신손(天子神孫)이다. 단군에 관한 최초의 기록은 중국의 《위서(魏書)》와 우리나라의 고려말 일연 스님이 《고기(古記)》를 인용하여 쓴 《삼국유사》에 나타난다. 《삼국유사》 '기이편(奇異篇)'에 기록된 내용은 다음과 같다.

"옛날 환인의 서자 환웅이 자주 세상에 내려가 인간세상을 구하고자 하므로 아버지가 환웅의 뜻을 헤아려 아래를 내려다보니 태백산이 가히 홍익인간(弘益人間)할 수 있는 곳이라 천부인(天符印) 세개를 주어 세상에 내려가 사람을 다스리게 하였다. 환웅이 무리 3천을 이끌고 태백산 신단수 밑에 내려와 백성들을 가르치시니 그 곳을 신시라 이르고 그분을 환웅천황이라 부른다. 풍백(風伯), 우사(雨師), 운사(雲師), 뇌공(雷公)을 거느리고 곡(穀), 명(命), 병(病), 형(刑), 선악(善惡) 등 인간의 360여 사의 일을 맡아 다스렸다. 이 때 곰과 범이 같은 굴 속에 살면서 환웅에게 사람이 되게 해달라고 빌었다. 환웅은 이들에게 신령스러운 쑥(艾) 한줌과 마늘(蒜) 20개를 주면서 100일 동안 굴속에서 근신하면 사람이 될 거라고 하면서 수도할 것을 명하였다. 범은 참지 못해 뛰쳐나오고 곰은 3.7일(21일) 만에 여자의 몸이 되어 웅녀가 되므로 신단수 아래에서 아이를 갖게 해 달라고 빌므로 환웅이 가화(假化)해 혼인하여 아이를 낳으니 그가 곧 단군왕검(檀君王儉)이다. 단군왕검은 당고(唐高, 중국 고대의 요임금)가 즉위한 지 50년이 되는 경인년에 평양성에 도읍을 정하고 비로소 조선이라 일컬었다. 이어 도읍을 백악산의 아사달로 옮겼는데 그 곳을 궁홀산 또는 금미달이라고 하였다. 단군은 1,500년 동안 나라를 다스린 후 장당경으로 옮겨 갔다가 아사달로 들어가 산신이 되었는데 수명이 1,908세였다.

환인천제님! 환웅천왕님! 단군왕검님! 하늘과 신시, 배달나라에서 이 나라 이 백성을 사랑하시사 홍익인간의 크나큰 이념을 세우시고 천지만물의 이치로서 세상을 다스리는 재세이화(在世理化)의 지상낙원을 만드는 통치 이념을 세우셨는데 우리 후손들이 제대로 계승하지 못한 책임이 너무 큼을 느끼게 된다.

다시 10인승 차량을 타고 중간 주차장 도착지로 내려와 다시 장백폭포행 30인승 버스를 타고 폭포에 다다르니 온천수로 익힌 계란 반숙도 팔고 인절미도 팔고 장뇌삼도 팔더라. 관광객과 상인들이 어우러져 한바탕 왁자지껄 거리며 사람 사는 세상을 만들어 가는 활력이 넘치는 생존의 공간이리라.

장백폭포는 백두산 천지를 넘쳐 떨어지는데 처음에 달문을 빠져나온 천지의 물은 천문봉과 용문봉 사이의 비교적 경사가 완만한 통천하를 따라 흐르다가 비룡폭포라고도 부르는 장백폭포에 도착하는데 68미터의 수직 절벽으로 떨어진다. 먼 우레처럼 소리치며 떨어지는 폭포의 웅자(雄姿)는 실로 동방 제일의 경관이라 할 만하다. 그 낙하의 폭포 물이 엄청난 양이라 백두산 천지에서 자연적으로 샘솟는 지하 샘물의 양이 이루 헤아릴 수 없다 하겠다.

백두산 천지의 달문으로 흘러 떨어지는 장백폭포

폭포수는 내두하와 이도백하로 유입되어 송화강(승가리우라)의 발원지가 되며 멀리 흑룡강까지 닿는다. 만주어로 송화강의 그들의 말인 '승가리우라'는 천하(天河)라는 뜻이다.

장엄한 폭포수의 위엄처럼 우리 한민족의 위엄이 다시 발현될 수 있기를 간절히 바라는 바이다.

백두산 입구로 내려오니 장사진을 치던 입장객은 간 곳 없고 벌써 휑하니 텅 비어 있는 상황을 보노라니 인간의 무리들이 떼 지어 다니는 속성을 느끼게 한다.

다시 전세 말을 달려 백두산 아래 첫째 마을 내두산촌(奶頭山村)에 다다르니 마을의 흔적은 간데없고 항일유적지 석비만 우리를 반겨준다.(항일운동 근거지의 하나로 지목되어 일제군인에 의하여 마을이 토벌되어 없어졌다고 한다)

내두산 항일밀영 유적비

내두산은 백두산 아래 첫 조선족 마을로 송화강의 최상류인 내두하가 흐르고 있다. 내두산은 여인의 젖꼭지처럼 생겨서 붙여진 이름으로 전해진다. 내두산촌은 1920년대부터 항일 무장투쟁의 근거지로서 중요한 역할을 하였고 서로군정서 김동삼 장군이 항일투쟁활동을 전개했던 곳이며 1930년대에는 중국 인민군과 독립군이 연합군을 결성하여 항일 연군이 이 곳 내두산으로 들어와 항일 근거지를 마련하고 '내두산보위전'

을 성공적으로 이끌기도 했던 곳이기도 하다.

점심은 이도백하촌 강원도 식당에서 먹었다. 그 음식 맛이 한국의 맛과 매우 비슷하고 강원도 할머니의 많이 먹으라는 성화에 식사를 배불리 먹었다. 또한 백두산 술이 맛있다 하여 한잔씩 마시니 백두산 선경에 선인이 따로 없다. 식사 중에 흥이 났는지 박종민 군이 흥얼거리며 노래를 부르기에 정식으로 노래를 청해 들으니 '바위섬'과 '동반자' '유행가'를 멋들어지게 불러 일행들을 즐겁게 하였다.

백두산 영산에서 우리 민족의 시원을 확인하고 국조 단군님을 영적으로 뵈었으니 이제 대종교 선열들의 살아 있는 숨결을 찾아 청산리, 봉오동, 청호촌, 왕청현으로 떠나보자.

청산리 전투 격전지를 찾아가는 길은 험로 그 자체였다. 직진 길은 비포장에 공사 중이라 우회하여 길을 가다 보니 1시간 거리가 3시간에 걸려 도착하니 청산리 대첩비가 우리를 반기었다. 당시의 북로군정서의 간부 진영은 아래와 같다.

총 재 서 일
부총재 현천묵
참모장 이장녕
사단장 김규식
여단장 최 해
연대장 정 훈
사관연성소장 김좌진
연성대장 이범석

청산리 전투의 대원들이 조국을 찾겠다고 무장항일 전투에 몸을 던져

혼신의 힘을 다해 싸우던 그날의 함성이 들려오는 듯하다. 전사(戰死)를 무릅 쓰고 한 몸 바치겠다는 각오로 부른 이범석의 기전사가(祈戰死歌)가 귀청을 때렸다.

하늘은 미워한다 배달민족의
자유를 억탈하는 왜적 놈들을
삼천리 강산에서 열혈이 끓어
분연히 일어나는 우리 독립군

백두산 찬바람은 불어 거칠고
압록강 얼음 위에 은월이 밝아
고국에서 진해오는 피비린 냄새
아깝고 원통하다 우리 동족들

물어보자 동포들아 내 죄뿐이냐
네 죄도 있으려니 같이 나가자
정의의 총과 칼을 손에다 들고
동족을 구하려면 목숨 바쳐라

한배님 저희들은 이후에라도
천만대 자손들의 행복을 위해
맹세코 이 한 목숨 바치겠으니
성결한 전사를 하게 하소서

"청산리 산맥은 장백산의 주맥이요 우리 조상의 발상지이다. 지금 이 순간 수천 수만의 눈동자가 우리를 주시할 것이요, 무수한 자손의 눈동자도 우리를 바라보고 있을 것이다. 만약 우리들의 혈관 속에 아직도 단군

- 33 -

의 피가 말라붙지 않았다면, 우리는 마땅히 한 몸을 희생의 제단에 올려 놓고 3천만 동포들의 원한을 풀어야 할 것이다. 우리가 용감히 싸울 때 하늘에 계신 천백세 조상의 영은 반드시 우리를 보우할 것이다."(이범석 장군, '청산리전투를 앞두고 학생대원들에게 행한 이범석의 훈시', 『우둥불』, 삼육출 판사, 1994, 177쪽.)

청산리 전투는 봉오동 전투와 함께 항일 독립운동사에 길이 빛날 혁 혁한 전공을 세운 한민족의 자존심을 마음껏 드러내어 일제의 간담을 서늘케 한 전투였다.

청산리전투 ㅣ 청산리전투는 1920년 10월 21일부터 26일까지 김좌 진이 이끄는 북로군정서(총재 서일)군과 홍범도가 이끄는 대한독립군 등 이 주축이 된 독립군 부대가 만주 화룡현 청산리 백운평, 천수평, 완루 구 등지에서 10여 차례에 걸친 전투에서 일본군을 대파한 전투다.

3.1운동 이후 두만강과 압록강의 접경지대에서 독립군의 활동이 활발하 였는데 일제는 직접 일본군을 간도로 침공시켜 독립군과 항일단체를 없 애고자 하였다. 간도침략에 대한 구실을 마련하기 위해 일제는 중국의 마적을 매수하여 훈춘사건을 일으켰다. 훈춘사건을 구실로 일제는 대규 모의 병력을 간도에 투입하여 한인사회와 독립군을 탄압하였다. 일본군 의 토벌계획을 전해 들은 북로군정서는 십리평의 군사학교인 사관 연성 소의 제1회 졸업생의 졸업식을 부랴부랴 마치고 일본군을 피하여 군부 대의 이동을 시작하였다.간도로 침입한 일본군 동지대는 10월 20일을 기하여 독립군에 대한 토벌작전에 돌입하였다. 이에 김좌진 장군은 백 운평(白雲坪)고지에 독립군을 매복시키고 일본군을 기다렸다. 일본군은

이러한 사실도 모른 채 21일 아침 백운평으로 들어왔다. 독립군은 일본군을 기습하였고 일본군은 완전히 무너져 전위부대 200명이 전멸하였다. 뒤이어 도착한 야마타 연대도 독립군의 공격으로 사상자가 속출하자 퇴각하였다. 북로군 정서군은 이 전투에서 일본군 300명 이상을 사살하는 대승을 거두었다. 북로군정서군은 일본군을 추격하지 않고 갑산촌으로 철수하였다.

이 시각에 일본은 이도구 완루구(完樓溝)에서 홍범도가 이끄는 독립군 연합부대를 공격하였다. 홍범도는 저지선에서 전투를 펼쳤으며 예비대는 우회해 오던 일본군의 측면을 공격하였다. 일본군은 이러한 공격을 예상치 못하고 있다가 독립군 예비대가 빠져 나가자 일본군 부대를 독립군으로 착각하여 서로 공격을 하였다. 이 전투에서 독립군은 일본군 400여 명을 사살하는 전과를 올렸다.

10월 22일 새벽에 갑산촌에 도착한 북로군정서군은 인근 천수평(泉水坪)에 일본군 기병 1개 중대가 야영 중이라는 정보를 입수하고 일본군을 포위하고 공격하였다. 이 전투에서 일본군 120여 명 중 어랑촌 본대로 탈출한 4명을 제외하고 모두 사살하였다.

어랑촌(漁郞村)으로 탈출한 일본군은 참패소식을 어랑촌에 주둔한 아즈마 부대에게 알렸다. 공격을 예상한 북로군 정서군은 유리한 고지를 선점하고 출동한 일본군과 전면전에 돌입하였다. 이 전투에서 독립군은 북로군 정서군과 완루구에서 승리한 홍범도 부대 등 약 1,500명이 총동원 되었으며 큰 승리를 거두었다.

10월 24일에는 북로군정서 소속 한 부대가 천보산 부근에 있던 일본군을 습격하였으며 10월 25일에는 홍범도 부대가 주둔하고 있던 일본군을 기습 공격하여 승리하였다. 홍범도 부대를 추격하던 일본군은 25일 밤 고동하(古洞河) 골짜기에 독립군의 흔적을 발견하고 공격하였으나 이미 독립군은 공격을 대비하여 매복 중이었다. 독립군은 즉시 반격하여 대승을 거두었다.

청산리 전투는 한국 무장독립운동 사상 가장 빛나는 전과를 올린 대첩으로 독립전사에 기록되어 있다. 일제군에 맞서 열위한 상황에서도 유리한 전투를 이끌어낸 탁월한 전략 전술의 승리라 할 수 있다. 북로군정서 김좌진 장군(참모장)과 홍범도 장군이 이끄는 독립군이 일본의 대부대로 맞아 소수의 병력으로 물리친 전투였다. 삼가 독립군 선열들에게 경의를 표하며 나라를 지키는 초석이 됨을 너무너무 감사드린다.

(나중에 경신참변과 북벌 장작림의 토벌을 당하여 민간인이 피해를 당하는 화를 당하였다)

삼종사 묘역은 용정방면의 청호(청파호)에 위치에 있다.

두만강 너머 화룡현 청파호, 오늘의 길림성 화룡시 청호촌은 한민족의 민족종교인 대종교의 총본사가 자리 잡았던 역사적인 곳이다. 이 마을의 남쪽 언덕에는 '3종사 묘소'로 명명된 불멸의 영령들인 대종교 1세 교주 나철, 2세 교주 김헌, 그리고 청산리 전투에 빛나는 북로군정서의 총재 서일의 무덤이 나란히 모셔져 있다. 우여곡절 끝에 찾아간 삼종사 묘역은 우리를 반갑게 맞아주었다. 반갑다기보다는 만감이 교차하는 시간이었다.

정신적 교감으로는 35년이 되었으나 실물(형상)의 뵈옴은 처음이라 미안하고 부끄러운 마음이 가슴을 억눌렀다. 죄스러운 마음을 안고 제를 지내니 죄인의 마음을 만에 하나라도 씻었을까?

청산리 전투지는 화룡현 쪽에 있으며 해란강을 건너서 갔다. 멀리서

청산리대첩기념비 앞에서 필자

나마 용정 일대에서 활동한 독립운동가들의 비밀 집합 장소였던 해란강의 일송정을 희미하게 바라보았다. 3.13만세 운동의 현장인 용정 시내를 바라보며 다음의 방문을 기약하고 지나가게 되니 서운한 마음이 든다.

박성신 이사장(국학연구소)의 분향과 삼배에 이어 김동환 위원의 원도문 낭독으로 이어지고 참배자 모두 삼배를 공손히 드리니 공식행사는 끝나고 제사떡을 모두 나누어 먹었다. 이 떡이 왜 이리 맛있던지, 삼종사님들의 눈물의 공적을 우리가 받아 행복을 누리고 있음을 죄스럽게 느낄 뿐이다. 그것도 모르는 사람들은 어찌 선조의 죄를 다 대속할까?

삼종사 묘역이 있는 청파호는 해란강의 상류에 자리 잡고 있다.

화룡시와 용정시의 경계를 이루는 곳에 천연 곡창인 평강벌과 세전이벌을 가르는 분수령인 비암산이 있다. 즉, 비암산의 동쪽에는 세전이벌, 서쪽은 평갈벌, 서남쪽은 신흥도시 용정, 동북쪽은 연길 방향으로 모아

삼종사묘역 표지석(화룡시 정부는 반일지사무덤으로 표지석을 세웠다)

산과 연변조선자치주 주도인 연길시가 있다. 해란강은 바로 화룡 평강벌 한복판을 지나 내리 흐르다 평강벌 최동단인 비암산에 이르러 산굽이로 크게 휘몰아치며 용정 시가지를 거쳐 세전이벌 한복판을 가로질러 동쪽으로 사라진다. 백두산 줄기인 화룡청산의 서쪽 중봉산 베개봉에 발원지를 두고 있는 해란강은 오늘날 화룡, 용정 사람들을 비롯한 두만강 이북 연변 사람들에게는 어머니 강으로 불리우고 있는 매우 중요한 상징적 의미를 담고 있는 강이다.

바로 이 해란강의 상류 화룡 시가지 구내 동쪽 가에 대종교 3종사인 나철, 김교헌, 서일 선생의 묘소가 모셔져 있다. 대종교가 처음 총본사를 오늘날 화룡으로 불리는 삼도구 청파호에 두고 대종교 3종사 묘소를 청파호 남쪽 언덕에 모시게 된 이유는, 조선 후기 조선 농민들의 피눈물 나는 이주 역사와 매우 밀접하게 관계가 있기도 하지만, 백두산을 상징하는 종교적 · 역사적 의미가 남다른 곳이기 때문이다.

삼종사묘역(화룡땅에 모신 불멸의 영령들) | 삼종사 묘역은 대종교 삼종사 (홍암 나철 대종사, 무원 김헌 종사, 백포 서일 종사)의 유해를 모신 곳으로 길림성 화룡현 청파호에 있다. 대종교인들은 삼종사의 유해를 모신 이 조그만 구릉을 단산(檀山)으로 불렀으며 묘소의 방향은 백두산을 정방향으로 향해 있다.

홍암 나철 대종사는 구한말에 문과에 장원급제하여 승정원가주서(承政院假注書), 권지부정자(權知副正字)직 등을 역임하였다. 1905년 징세서장(徵稅署長)으로 재직하던 중 러일전쟁에서 이긴 일제의 침략야욕이 내정간섭으로 나타나자 그 해 5월 관직을 사임하였다. 이후 오기호, 이기, 김인식 지사 등과 함께 유신회를 조직하여 구국운동에 앞장섰다. 포츠

머스 강화회의에서 우리의 입장을 미국에 알리기 위해 도미하고자 하였으나 일본공사의 방해로 뜻을 이루지 못하고 대신 일본 동경에 가서 이등박문과 일본총리대신 대외중신 등에게 서신을 보내 항의하였다. 그 주요 내용은 조선주권을 보장하고 동양평화를 위해 한중일 3국이 친선동맹을 맺어 선린우의로써 독립을 보장하라는 것이었다. 또한 일왕에게는 정의대도와 동양평화를 실현할 것을 촉구하였다. 그러나 회신이 없자 궁성 앞에서 3일 동안 단식하며 항쟁하였다. 그러나 선생은 을사늑약이 체결되었다는 소식을 듣고 귀국하여 오기호, 이기, 윤주찬 등과 함께 을사오적을 처단키로 하고 실행에 옮겼으나 성공하지 못하고 동지들이 피체되어 가자 자발적으로 출두하여 주모자임을 자백하고 1907년 7월 3일 유형 10년을 받아 지도(智島)로 유배되었으나 동년 12월 광무황제의 특사로 유배 5개월 만에 오기호, 이기 등과 함께 석방되었다. 이제 나라의 운명은 풍전등화와 같음을 깨닫고 새로운 구국운동의 방법을 모색하기 시작하였는데 나라가 이 지경에 이른 근본적인 원인은 무엇보다 오랫동안 사대모화(事大慕華) 사상에서 비롯된 교육의 잘못에 있음을 깨닫게 되었다. 선생은 흔들리는 민족정신을 널리 알리는 작업에 착수하였는데 우리 민족의 시조인 단군의 정신으로 민족고유의 종교역사를 통하여 민족정기를 새롭게 구현하고자 하였다. 그리하여 1909년 1월 보름 '나라는 망하나 민족은 망할 수 없다'(國難亡而道可存)면서 평소 뜻을 같이 하던 오기호, 이기, 김윤식, 유근 등 수십 명과 함께 서울 재동(齋洞) 취운정(翠雲亭)에서 '단군대황조신위'를 모시고 제천의식을 가진 후 '단군교포명서'를 공표하면서 단군교를 공식종교로 공표하였다. 교주인 도사교(都司敎)로 추대된 선생은 1910년 7월 3일 칙령을 발표하여 대종교로 개명하고 본격적인 민족정신 회복운동을 시작하게 되었다. 1914년 5월 13일 총본사를 화룡현 청파호로 이전하였다. 나철과 대종교인들의 활발한 포교활동으로 대종교는 국내뿐만 아니라 중국 동북과

관내지역, 러시아 연해주까지 파급되어 교인 30만 명을 헤아리는 반일 종교로 엄청난 성장을 이어갔다. 한일합방 이후 삼천리강산을 삼켜버린 일본 제국주의자들은 한반도에 대한 식민통치를 절대화하면서 그들의 계획대로 식민지 지배를 진행하고 있었으나 대종교의 독립운동 조직의 활성화에 위기감을 느낀 일제에 의하여 1915년 10월에 대종교를 '불법 단체'로 선포하고 전면 금지령을 내린 것이다. 이처럼 새로운 종교통제로 등록을 거부하는 압박이 가해지는 등 일대의 위기가 찾아오자 선생은 직접 나서서 수차례 교섭을 벌여도 효과를 보지 못하자 결단을 하지 않을 수 없었다. 1916년 추석날 순명3조를 남기고 황해도 구월산 삼성사에서 한 마음, 한 정신으로 진리를 닦고 일체애합으로 인류를 통할케 하라는 등의 내용을 담은 유서 12통을 남기고 조식 폐기법(閉氣法)으로 조천을 택한다. 이러한 결단은 일제의 민족정신의 말살정책에 절대 반대한다는 의지를 보여준 것으로, 이후 선생을 따르던 제자들에 의하여 독립운동은 불같이 타오르기 시작하였다. 선생이 자신의 유해를 백두산 아래 화룡현 청파호에 묻어달라는 유언에 따라, 1916년 10월 청파호로 옮겨 안장하였다.

무원 김헌(본명 김교헌) 종사는 1885년 정시문과에 급제하여 예조참의, 규장각 부제학(副提學), 가선대부(嘉善大夫)직까지 오른 인물로 1910년 대종교에 입교하여 1916년 나철 대종사의 조천 이후 교통을 승계하여 제2대 교주가 되었다. 이듬해 일제의 탄압을 피해 총본사를 만주 화룡현으로 옮기고 다시 북만주 영안현(寧安縣)으로 옮긴 뒤 시베리아, 몽골, 중국 각지에 교당을 세우고 종교활동과 독립운동을 병행하였다. 그러나 일제의 대대적인 토벌로 수많은 교도가 학살당하자 비분과 과로로 병을 얻어, 1923년 11월 18일 영안현 남관 총본사 수도실에서 조천하였다. 교통은 유언에 따라 윤세복 단애종사가 물려받았다. 무원종사는 1918년 무오년 11월에는 모든 독립운동가들을 망라한 대한독립선언서(일명 무오독립선언서)를 직접 관여하고 반포하셨으니, 여기에 참여 서명한 사람은 김헌, 서일, 이승만, 안창호, 김동삼, 김좌진, 신팔균, 조소앙, 김규식, 신채호, 손일민 등 대부분의 독립운동가 39인이 참여하였던 것이다. 홍암대종사가 대종교리와 규범을 확립하신 분이라면 무원종사는 역사학자로서의 전문성을 유감없이 발휘하여 단군역사와 단군민족의 문화에 대한 체계정립에 큰 공헌을 하였다고 볼 수 있다. 이는 《단조사고》를 비롯하여 그의 저술 《신단민사》·《신단실기》·《배달족역사》 등을 보면 잘 나타나 있다. 1924년 1월 대종교 교인들은 김교헌 무원종사의 유해를 화룡현 청파호에 옮기고 장례를 지냈다.

백포 서일 종사는 함경북도 경성의 유지의숙(함일학교의 전신)을 졸업하고 후학들을 가르치면서 을사조약을 맞았다. 혈기왕성한 25살의 청년에게는 민족의 앞날이 처참해지는 광경을 직접 목도하고자 서울에 직접 와서 지사들을 만나보고 대종교의 준비상황도 보았으리라. 경술국치가 일어나자 바로 다음 해 1911년 봄에 두만강을 건너 가솔을 이끌고 왕청현 덕원리에 보금자리를 트니 무장항일 투쟁의 서막이 오른 것이다. 또한 이 해 1911년 7월 21일 대종교 1세 교주 나철 대종사의 포교 활동차 화룡현 청파호에 온 후 나철 교주를 찾아 가르침을 받게 된다. 명동학교를 설립하여 대종교로 물밀듯이 밀려오는 대종교 자녀들의 교육을 담당하고 대종교에 귀의한 선생은 홍익인간의 이념을 추구하고 실행하는 대종교 정신은 벌판을 누비는 독립군들에게 막강한 정신력을 주게 된다는 사실을 깨닫고 수전병행(修戰竝行)의 길을 걷게 된다. 먼저 두만강을 넘어 망명해 오는 열혈청년들을 대종교로 귀의시키고 대종교의 정신으로 무장하여 중광단을 조직하였다.(중광단의 의미는 대종교 중광에서 가져 온 의미로 나라를 다시 찾자는 뜻이 포함되어 있다) 포교에도 직접 나서 3년 동안 동만주, 북만주, 연해주, 함경도 일대에서 10여 만 명의 교우를 얻는 도력까지 발휘하였다. 그리하여 회삼경, 진리도설, 오대종지강연, 삼문일

답, 신고강의 등의 경전도 저술하였다. 또한 《일민보(一民報)》와 《신국보(新國報)》 등의 신문을 발간하여 독립운동에 활기를 불어넣었다. 백포종사는 중광단을 확대 개편하여 대한정의단, 대한군정부, 북로군정서로 독립군단을 조직화하였다. 총재 서일, 부총재 현천묵, 사령관 김좌진, 부사령관 김성, 참모장 나중소, 연성대장 이범석 등이 주요 간부를 맡았다. 그리하여 청산리 전투에서 대승을 거두고 우리 전투사에 빛나는 혁혁한 전과를 올렸다. 이후 독립군단체는 일제의 추격을 피하여 밀산으로 이동하여 10개 독리립군부대 3천 5백 명의 병력이 통합하여 대한독립군단(大韓獨立軍團)을 결성하였는데, 서일 종사가 총재로 추대되었고 부총재는 홍범도 장군이었다. 이후 독립군의 무장해제로 인한 흑하사변으로 무수한 인명이 살상당하고 토비들의 습격으로 젊은 청년들이 몰살당하자 비분강개하여 홍암대종사와 같은 방법인 폐기호흡법으로, 1921년 8월 27일(양력9월 28일)세상에 책임을 지고 조천하였다. 1927년 봄에 청파호로 이장되었다.

대종교(大倧敎) | 대종교는 한민족의 시조인 단군(檀君)을 교조로 하여 민족고유의 신인 하느님(桓因)을 신앙하는 종교이다. 하느님의 아들인 환웅(桓雄, 大雄)이 백성들을 교화한 내용을 경전으로 삼고 있는데 천부경(天符經), 삼일신고(三一神誥), 참전계경(參佺戒經)을 주경전으로 하고 있다. 천부경은 세상 만물의 생성과 운행, 소멸의 원리를 밝힌 것이며, 삼일신고는 하늘, 신관, 내세관. 우주관, 인간관에 관한 기본원리를 일깨우고 있고, 참전계경은 사람이 일상생활을 영위해 가면서 유념하여 지켜야 할 366가지 생활항목을 가르치고 있다. 대종교는 삼신신앙의 모태를 전수 받은 민족 고유의 순수한 정통신앙의 가치를 가지고 있다. 삼신은 곧 하느님을 뜻하는데 조화신, 교화신, 치화신을 이름으로, 전지전능한 하느님은 창조하고 가르치고 다스리는 일을 다 같이 할 수 있다

는 의미이다. 대종교는 단군조선이래로 북부여, 고구려, 발해, 신라, 고려로 그 명맥이 유지되어 왔으나 근세 조선의 주자학에 의한 존명 사대주의에 의하여 그 명맥이 끊어졌으나 나철 대종사에 의하여 다시 세상에 빛을 본 것이다. 그래서 나철을 창시자라 하지 않고 중광조(重光祖)라고 부른다. 이 의미는 처음으로 세운 것이 아니라 중간에 맥이 끊긴 것을 다시 일으켜 세웠다는 의미이다. 일제의 한국침략에 맞춰 중광되었기 때문에 현실참여적인 성격을 띠는 것은 어쩔 수 없을 것이다. 그러므로 일제는 종교통제령을 통해 대종교를 핍박하고 종교로서 인정을 해주지 않아, 총본사가 만주로 망명하는 유일한 종교가 되어 독립운동활동의 구심점이 되었던 것이다. 이러한 핍박은 홍암 나철 대종사가 황해도 구월산 삼성사에서 단전호흡의 최고 경지인 폐기 호흡법으로 세상을 대속하여 자결하게 하는 원인이 되기도 한다.

대종교의 조직은 그 자체가 독립운동의 근거지 역할을 하였다. 백두산 중심으로 총본사로 이전하여 총지휘하였으며 동쪽 연해주에는 이상설을 파견하여 독립운동을 전개토록 하였고 서쪽은 환인현에 동창학교를 중심으로 단애 윤세복 종사, 박은식, 신채호 선생 등이 대종교인으로서 교육사업에 헌신하였다. 또한 유하현 삼원보에 있는 경학사와 신흥무관학교(서로군정서의 모태)와 연계하여 교육과 군사를 병행토록 하였으며, 남쪽에는 기존 한성(서울)에 남도본사를 두고 한국의 얼의 명맥을 지켜 나가도록 하였다. 북쪽에는 서일 백포 종사로 하여금 독립운동의 중심의 근거지로서의 소임을 맡겨 북로군정서를 설립하고 김좌진, 이범석 등 대종교인으로 이루어진 독립군을 조직하여 한국 무장독립운동사에 가장 빛나는 청산리 전투를 승리로 이끌었던 것이다. 중국에는 상해에 신규식을 파견하여 박달학원을 설립하여 망명 애국지사들의 교육에 힘쓰고 손문을 예방하여 한국의 독립을 위한 지원을 호소하는 등 외교적 노력의 결실로 상해에 임시정부를 수립할 수 있었던 것이다. 또한 북경에도 조성환, 박찬익을 파견하여 동북3성의 군벌과 토비에 의한 교민들의 보호에 외교적으로 힘을 썼다.

이 삼종사묘역이 자리 잡은 구릉의 산 이름도 나철 대종사가 직접 지었다. 단산(檀山)이라는 이름이 그것이다. 나철은 1910년 7월 30일 단군교를 대종교로 개명한 후 해외포교로 활동을 확대하고자 동지들과 함께 1911년 7월 두만강을 건너 화룡현 청파호에 도착 고경각을 설치하고, 1914년에는 대종교총본사를 아주 이곳으로 이전하였다. 그리고 이곳을 중심으로 왕청현에 동도본사, 연해주에 북도본사, 상해에 서도본사, 서울에 남도본사를 두어 각각 서일, 이상설, 신규식, 강우를 책임자로 임명하여 시교를 전담케 하였다.

홍암 나철 대종사님, 무원 김헌 종사님, 백포 서일 종사님, 너무 존경스럽고 경외 스러우신 분들! 감히 범접할 수 없지만 그 분들의 가르침을 제대로 실천하지 못한 죄인의 마음이라, 가슴으로 울고 마음으로 울고 머리로 울고 생각으로 우나니, 흘러내리는 눈물을 애써 감추며 하직하니 언제 다시 뵈올지, 다시 꼭 뵈옵겠다고 다짐하였다.

떠남이 아쉬워 묘역에 잡초를 뽑으며 손으로 어루만지고 아쉬움을 달래고 천수로 묘 주변에 흠향하도록 뿌리니 마음이 조금은 안정됨을 느꼈다.

청호(청파호) | 청호는 백두산 북쪽에 위치한 지역으로서 중국 길림성 연변조선족자치주 화룡시 용성진 청호촌 일대에 위치하고 있으며 1914년부터 1922년까지 대종교총본사가 설치되었던 곳이다. 경성에서 총본사를 청호로 이전하고 이를 중앙으로 하여 4대 교구를 완성하게 된다. 왕청현 덕원리에 동도본사를 노령 해삼위에 북도본사를 상해에 서도본사를 경성에 남도본사를 두어 서일, 이상설, 신규식, 강우 선생을 각각 도본사 책임자로 임명하고 시교를 책임지게 하였으며 교육과 외교, 군사기지의 역할도 병행토록 하였다. 청파호는 1910년 10월에 이미 지사를 설치하여 운영하고 있었으며 일제의 종교적 압박을 피하여 한민족의 정신적 출발지이자 성지인 백두산 지역으로 옮겨오게 된 것이다. 백두산은 환웅천황께서 하늘에서 내려 오셔서 삼천단부를 이끌고 신시를 여신 성스러운 곳으로 백두 단군민족은 예로부터 숭봉의 상징이었다.(심지어 청나라도 왕이 난 지역으로 봉금령을 내리고 보호했던 성산이다) 여기에 다시 신시를 여신 하느님(환인)의 아들, 환웅천황의 신시개천의 뜻을 받들어 단군 배달민족을 하나로 합치고 단결하기 위하여 중심을 두고 총지휘부로 역할을 하게 된 것이다.

홍암 나철 대종사의 유해와 무원 김교헌 종사, 백포 서일 종사의 유해가 여기에 안장되어 있는 것은 우연이 아니라 불멸의 영령들이 비록 잠들어 있으나 그 상징성은 매우 크다 할 것이다.

백두산 북쪽 기슭인 화룡현 청호촌 檀山에 모셔진 삼종사묘역의 전경

(왼쪽부터 백포 서일 종사, 홍암 나철 대종사, 무원 김교헌 종사)

화룡시에서 세운 반일지사묘역(삼종사묘역) 안내문

화룡현 청호촌에 소재한 대종교삼종사묘에 우리 일행이 참례하는 모습

우리 일행이 투숙했던 연변시내 대주호텔의 모습

용정에서 저녁식사를 하고 연길시 내 대주 호텔에서 숙박하였다.

화룡 용정도 연변자치주에 속하여 모든 간판이 한글표기를 의무화하여 한글밑에 한자를 병기하였다. 이 지역에 위한 중경현덕부는 발해 3대 문왕이 동모산에서 천도하여 자리를 잡은 곳이다.

문왕이 이곳에 수도를 잡고 있을 때 백두산 석실(돌집)에 《삼일신고》등을 봉장(奉藏)한 것이다. 그리고 근대에 들어와 백봉신사가 하늘의 도움으로 찾아내 이 세상에 내놓게 되었다. 이 보전(寶典)이야말로 민족자존의 진수로, 모든 외적 물리치고 억만대의 단군민족의 무궁한 영광과 웅비의 역사의 중광의 계기를 만들어주었으니 이 얼마나 다행한 일인가?

발해중경현덕부 | 중경현덕부는 발해국 제3대 문왕(文王) 대흠무(大欽茂)가 747년(문완11년)~751년 사이, 국초 이래 수도였던 돈화분지(敦化盆地)에서 이 곳 중경현덕부(中京顯德府)로 천도하여 775년까지 발해의 정치·경제·문화의 중심지가 되었던 발해 5경 중의 한 곳이다. 현재

의 길림성 화룡현 서고성자(西古城子)를 그곳으로 보고 있다. 1980년대 말 화룡현 서고성자 부근에서 문왕의 넷째 딸 정효공주(貞孝公主)의 묘와 완전한 석각 묘지(墓誌)가 출토되어 이 서고성자가 발해의 중경현덕부였다는 사실이 확실시 되었다. 또한 이 성의 평면구조가 발해 도성이었던 상경성(上京城)이나 팔련성(八連城)과 거의 같다는 점과 성내에서 출토된 유물로도 고고학적으로 이 성이 서경성(西京城)이라는 사실을 뒷받침한다. 이곳은 길이 2,700미터의 토성으로 네 개의 대문 자리와 다섯 개의 궁궐 자리가 발견되었다. 발해 문왕이 발해 건국지인 구국(舊國)에서 중경현덕부로 천도한 것은 이 지역의 철을 비롯한 자원 개발에 관심을 가졌기 때문으로 보이며, 또한 중경현덕부는 무도평원과 연길의 조양천 평원 모두 관개에 편리하여 농업발전에 적합한 지역이기도 했다. 뿐만 아니라 일본 및 신라와의 외교교섭을 펼치는 데 있어서도 유리한 지역이었다. 한편 발해의 멸망에 대하여 여러 설이 있지만 백두산의 폭발에 의한 화산재의 낙하로 극심한 흉년과 기근으로 거란족의 외부 침입에 쉽게 무너졌다는 게 정설이다. 왜냐하면 거란은 2년을 버티지 못하고 철수를 하게 되는데, 이는 발해의 경제가 회복이 되어 정상으로 모든 기능이 돌아왔다는 것을 의미한다고 하겠다.

셋째 날 | 8월 15일(금)

제 3일 째는 아침식사 후 7시 30분에 봉오동 전투 전적지를 출발하였다. 봉오동 계곡은 댐 건설로 수몰되었고 전적지 비석만이 우리를 기다린다. 청산리 전투에 앞선 봉오동 전투는 홍범도 장군이 이끈 독립군이 일본군을 패퇴시킨 독립군 최초의 승리 전투였다. 봉오동 계곡에서 독립군들이 부른 다음의 독립군가가 들려오는 듯했다.

> 신 대한국 독립군의 백만 용사야
> 조국의 부르심을 네가 아느냐
> 삼천리 삼천만의 우리 동포들
> 건질 이 너와 나로다
>
> 나가 나가 싸우러 나가
> 나가 나가 싸우러 나가
> 독립문의 자유종이 울릴 때까지
> 싸우러 나-가-세
>
> 원수들이 강하다고 겁을 낼 건가
> 우리들이 약하다고 낙심할 건가
> 정의의 날 센 칼이 비끼는 곳에
> 이기리 너와 나로다
>
> 너 살거든 독립군의 용사가 되고
> 나 죽으면 독립군의 혼령이 됨이
> 동지야 너와 나의 소원 아니냐
> 빛내리 너와 나로다

압록강과 두만강을 뛰어 건너라
악독한 원수무리 쓸어 몰아라
잃었던 조국강산 회복하는 날
만세를 불러 보세

봉오동 전투 | 봉오동 전투는 1920년 6월 길림성 왕청현 봉오동에서
홍범도, 최진동, 안무 등이 이끄는 대한북로독군부의 한국독립군 연합
부대가 일본군 제19사단의 월강 추격대대를 무찌르고 승리한 전투이다.
1920년 6월 7일 홍범도의 대한독립군, 안무의 국민회군, 최진동의 군
무도독부가 연합하여 결성한 대한북로독군부와 한경세가 이끈 대한신
민단의 독립군 연합부대가 야스카와지로(安川二郞)소좌가 이끈 일본군
제19사단의 월강추격대대를 쳐부수고 큰 승리를 거둔 것이다. 일본은
1919년 3.1운동 이후 만주지역에서 독립군의 무장항쟁이 활발해지자
1920년 5월부터 독자적인 독립군 토벌작전을 추진하였다. 1919년 8
월 이후 활발히 국내 진공작전을 펼치던 홍범도의 대한독립군은 북간도
지역 독립군의 통일과 연합에 나서 1920년 5월 28일 홍범도의 대한
독립군, 안무의 국민회군, 최진동의 군무도독부가 연합하여 대한북로군
독부가 결성되었다. 그리고 봉오동에 집결하여 좀더 강력한 국내 진공
작전을 준비하였다. 1920년 6월 4일 대한신민단의 독립군 부대가 일
본순찰소대를 습격하여 피해를 입히자 일본군 1개 소대병력이 두만강을
넘어왔는데 이를 대한북로독군부가 삼둔자(三屯子)에서 폐퇴시켰다. 이
를 빌미로 일본 제19사단이 월경추격대를 편성하여 봉오동을 공격하기
로 하여 진격하였는데 독립군은 미리 매복하여 삼면에서 추격대를 공격
하여 궤멸시켰다. 일본군은 수많은 사상을 당하는 피해를 입고 퇴각하
였다. 봉오동 전투는 만주지역에서 한국독립군과 일본군 사이에 본격적
으로 벌어진 최초의 대규모 전투에서 승리하였다는 데 그 의미가 있으

며 이 전투에서의 승리로 독립군의 사기가 크게 높아졌으며 이는 1920
년대 독립전쟁이 더욱 활발히 전개되는 계기가 되었다.

지금은 봉오동수고로 물속에 잠긴 봉오동 계곡의 모습

왕청으로 이동하였다. 북로군정서 사관 연성소와 부대가 주둔한 십리
평, 그리고 지휘부가 위치한 덕원리를 답사하였다. 왕청현은 말할 필요
도 없이 북간도에 속하는 지역으로 청나라의 봉금령으로 오랫동안 사람
이 거의 살지 않았던 곳이다. 1881년에 이르러서야 봉금령이 해제되어
사람들의 거주가 정식으로 허용되었던 것이다.

신효철 이사(민족문제연구소 대구지부 홍보국장)가 가져온 플랜카드 '역사를 잊은 민족에게 미래는 없다'를 들고 기념 촬영을 한 필자.

봉금령 | 청나라는 1644년 명나라를 멸망시킨 후 오늘날의 북경에 수도를 정하고 중국본토 전역을 통치하기 시작하였다. 그러나 청나라를 세운 만주족(여진족을 2대 태종 홍타이지가 만주족으로 개명함. 여진은 크게 3개의 종족이 있었는데 청나라를 세운 건주여진, 금나라를 세웠던 아골타의 해서여진, 그리고 시베리아 지역의 야인여진이다. 여진족은 발해의 후손이고 발해는 고구려의 후손이고 고구려는 부여의 후손이고 부여는 단군조선의 후예이니 청나라를 세운 만주족은 당연히 고조선의 후예라 할 수 있다)은 명나라를 멸망시킨 후 대부분

중국 본토로 들어가 중국 본토에 통치력을 집중하게 됨으로써 동북 지역은 인가가 드문 무인지경이 되었다. 그 통치 여력이 충분치 않게 되자 본토의 한족들이 슬슬 동북으로 이주하기 시작하자 여기에 청조는 청나라 발상지인 영산 백두산 일대가 훼손될 위기를 느끼게 된 청나라 강희제는, 1677년 내대신 무묵납에게 장백산 일대를 답사시킨 뒤 다음 해에는 신하를 보내 천제를 지내게 하였다. 그리고 만주지역에 봉금정책을 시행했다. 청나라도 백두산을 건주여진의 시초 조상들의 근거지로 여기기며 백두산 주위를 신령스런 지역으로 설정하고 산을 지키는 사람들 이외에는 산삼 채취와 사냥 등을 금하고 매년 백두산에 천제를 지내게 하였다. 예로부터도 여진족에 이어 만주족(청나라 2대 황제 홍타이지가 여진족의 이름을 만주족으로 개칭함)도 이 산을 자기들 시조와 민족의 발상지로 여기며 신성시 해 왔던 것이다. 태조의 누루하치가 전쟁 중 상처를 입고 삼지연에서 치료·수양하였는데 그들은 그곳을 왕지(王池)라고 부른다. 백두산을 청나라 조상의 발상지로 생각한 청나라 통치자들은 용흥지지(龍興之地)로 간주하고 강희 연간(1669~1681)에 흥경(오늘날 요녕성 신빈) 이동, 이통주 이남, 두만강 이북의 광활한 지역을 봉금하고 타민족이 이 지역에 사는 것을 엄금하였다. 1712년에 청나라에서 백두산에 정계비를 세운 이후 봉금정책은 더욱 강화되었다. 그러나 1861년부터 1870년간에 있은 세 번의 대수해와 두 번의 대가뭄으로 함경도의 백성들은 기근에 시달리게 되고 굶어 죽으니 위험을 무릅쓰고 도강하여 봉금지역의 땅을 개간하기 시작하였고, 이에 청나라에서도 1881년부터 중국인 이민을 받아들이기 시작하였다. 1883년 함경도를 순시하던 조선의 서북 경략사 어윤중은 '월강죄인불가진살(越江罪人不可盡殺)'의 엄령으로 간도로 들어가 경작하는 것을 허용하였다. 1885년에 이르러 청나라에서는 정식으로 봉금령을 폐지하고 두만강 이북, 해란강 이남의 길이 700리, 너비 40~50리 되는 지역을 조선 이주민의 개간구역으로 확정하면서 거주와 토지경작도 허락하였다. 이러한 봉금령의 해제로 무산에서 종성에 이르는 북간도 지역으로 이주가 활성화되었으며 왕청현도 그 중의 하나였다.

북간도 · 동간도 · 서간도 | 간도(間島)란 사이섬이란 뜻으로 청나라의 봉금지대와 조선 사이에 두만강, 압록강에 위치해 있어 어느 나라에도 소속되지 않는 땅으로 무산으로부터 두만강 하류 사이에 이러한 섬들이 많아 붙여진 것이라 한다. 그 이유로 두만강 북쪽 간도는 북간도, 요즘 잘 쓰이지는 않지만 두만강 동쪽 간도는 동간도, 압록강 북쪽은 서간도라고 부른다. 그러나 최근에는 그 영역이 확대되어 부르게 되었는데 청나라의 봉금지대까지 넓힌 영역으로까지 확대하여 두만강 이북 만주땅은 북간도, 압록강 이북 만주땅은 서간도라고 부르고 있다.

북로군정서 사령부와 사관학교가 있었던
십리평의 폐교된 소학교 앞에선 필자

서일 총재는 북로군정서 본부를 왕청현 서대파구 십리평 잣덕에 설치하고 산하 사관 연성소도 이 부근에 세웠다. 북로군정서는 잣덕 북쪽 평평한 산기슭 밭 가운데 자리하고 있었는데 본부와 병영은 2만여 평에 달하는 산허리를 평지로 만들어 건설했다. 나무로 베어 만든 중국식 6칸 집 5개와 5칸 집 2개로 이루어 졌다고 전해진다.

왕청현 시내에서 서대하를 지나 40키로(100리)를 달리니 십리평이 나왔다. 북로군정서 독립군이 주둔한 훈련소와 사관연성소가 있었던 잣덕 언덕이 모습을 드러냈다. 도로변에는 십리평 소학의 팻말만이 옛 영광을 말없이 지키고 있다.

본부와 조금 떨어진 남쪽의 광활한 평지에 사방 100미터 좌우에 연병장 두 개를 건설하여 독립군 전사들은 매일 이 두 개의 연병장에서 매일 군사훈련을 진행하였다고 하며 일본군의 모형을 만들어 놓고 창격술과 실탄훈련을 실시하였다고 한다. 사관연성소는 잣덕에서 7~8킬로미터 떨어진 동북쪽 계곡에 설립했다고도 하고, 잣덕에 설립했다고도 하는데, 강룡권은 잣덕에서 동북쪽 계곡을 따라 약 15리 되는 지점에 사관연성소가 자리하고 있었다고 주장하였다.

사관연성소 | 북로군정서는 반일무장단체이기에 무장투쟁을 이끌어 가자면 강력한 군사적 소질을 가진 사관을 키워야 했다. 이 점을 깊이 생각한 서일 총재는 북로군정서가 직접 지도하는 산하 사관연성소를 조직하기로 결심하였다. 대한정의단을 위시한 지도계층 대부분은 체계적인 군사훈련을 거친 사람들이 아니었기에 신흥무관학교 출신들을 영입하여 군사훈련을 지도케 하였다. 그 중에 한 사람이 연성대장 이범석이다. 철저한 준비를 거쳐 사관연성소는 1920년 3월 1일에 정식으로 개소하였다. 정규적인 군사훈련기지로 발돋움하고자 사관연성소 예비 훈련반은 북로군정서 본부와 약 300미터 떨어진 남쪽의 조금 경사진 잣덕 평지에 교사 6채를 짓고 운동장을 갖추고 훈련을 실시하였다. 그리고 사관

연성소 본부는 동북쪽 계곡을 따라 약 15리쯤 되는 곳에 두었다. 사관 연성소장은 김좌진이 맡았으며, 박영희가 학도단장, 이장녕·이범석· 김규식·양림·김홍국·최상운 등이 교관을 맡았다. 사관생은 300여 명이었으며, 주로 대종교 산하의 청년들과 덕원리 명동중학교 출신의 학생들로 이루어졌다. 십리평 독립군 주둔지는 1년의 시간 동안 제1회 사관 양성 298명의 졸업생을 배출해 청산리전투를 마지막으로 주둔지 를 떠났다. 나중에 중국 북벌 장작림 부대에 의해 폐허가 되었다.(장작림 은 사전에 독립군에게 토벌사실을 알리고 토벌하여 인명 피해를 막을 수 있었다)

왕청 시내에서 십리평으로 들어가는 길은 100리를 들어가는 계곡이 었다. 더욱이 그 길이 구불구불한 협곡으로 일본군이 쉽게 공격하기 어 려울 뿐 아니라, 들어가면 도저히 빠져나갈 수 없는 천혜의 요새로, 지리 적 지형을 감안하여 장소를 정했음을 알 수 있었다. 좀 더 이해를 돕기 위하여 일제강점기 임시정부의 상황과 군사단체에 대하여 정리하고 넘 어가 보자.

일제강점기에 대표적인 임시정부는 다음의 3개를 꼽을 수 있다.

노령임시정부 | 제일 먼저 수립된 곳은 러시아 연해주, 즉 노령의 블 라디보스톡이다. 연해주에서 활동하는 전노한족중앙 총회가 3.1운동 후 블라디보스톡에서 대한국민의회를 선포하면서 정부의 형태로 최초로 조직되었다.

상해임시정부 | 1919년 4월 11일 상해 프랑스 조계지 보창로 32번지 에서 각도 대의원 30명이 회합하여 임시의정원을 구 성하고 임시헌장 10개조를 반포하였다. 4월 17일에는 대한민국 임시정부를 정식 조직하고 선서문, 정강 등

을 선포하였다.

한성임시정부 | 1919년 4월 23일 서울에서 13도 대표회의를 개최하고 이승만을 집정관 총재로, 이동휘를 국무총리 총재로 하는 한성임시정부를 선포하였다.

이후 3개의 임시정부는 새로운 통합의 절차를 거쳐 상해에 본부를 둔 상해임시정부를 유일의 대한민국 임시정부로 인정하기에 이른다.

군사단체도 여러 개가 존재했으나 다음과 같이 2개의 군정서로 대표된다.

상해 대한민국임시정부가 1919년 3.1운동을 계승하고 있는 유일한 법통 정부로서 최고의 기관이었으므로, 북간도와 서간도의 독립운동단체들은 모두 대한민국 임시정부의 지도를 받기로 하였다.

서일은 중광단에 뿌리를 두고 재편된 대한정의단과 대한군정회를 통합하여 대한군정부로 개편하였다. 그러나 1919년 4월 상해에서 대한민국 임시정부가 수립되자 임시정부의 지도를 받기로 한다. 1919년 12월 '국무원 제205호' 정신에 따라 대한군정부는 이후 상해 대한민국 임시정부의 지령에 의하여 '대한군정서'로 개칭하였다.(서간도의 서로군정서에 빗대어 북로군정서라는 별칭을 갖게 되었다)

한편 서간도의 남만 여러 항일독립운동단체들은 유하현 삼원포에 모여 새로운 단체를 조직하였다. 그 이름을 '군정부'로 하고 통일된 행동을 펼치게 되지만, 상해의 대한민국임시정부에서 북간도의 북로군정서에 균형을 맞춰 '서로군정서'로 부르기로 하였다.

왕청 시내 반대편으로 20리 정도 들어가면 북로군정서 지휘부와 대종교 동도본사가 있던 덕원리가 자리 잡고 있다. 왕청현은 연변 4개의 현중 화룡, 연길, 훈춘과는 달리 두만강 연안에 접해 있지 않고 좀 더 내륙으로 들어간 곳으로 이주의 역사가 다른 곳보다 늦었으나, 1869년 기사년 대흉년 이후에 두만강 북안으로 밀려들 때 양수천자를 거쳐 왕청으로 이주한 것으로 보인다. 이후 해란강 지역으로 확대되면서 조선인의 이주 지역은 더욱 확대되었다.

덕원리는 원래 백포 서일이 함경도 경흥에서 1911년경 이주해 와 정착한 곳으로 명동학교(김약연의 명동학교와는 다름)를 세우고 교육사업도 같이 해오던 곳이다. 덕원리는 천교령 부근에 발원지를 둔 가야하와 십리평, 소왕청 쪽에서 흘러나오는 대왕청하와 합수되는 부근 동북쪽 산기슭에 자리 잡은 마을로 지금의 왕청역에서 북으로 7~8키 지점에 자리 잡은 곳이다. 또한 당시 함께 건너온 가솔로는 선생의 부친 서재운, 부인 채씨, 맏딸 서씨, 둘째딸 서죽청, 아들 서윤제, 모두 여섯 식구였다. 그해 7월 대종교 나철 교주를 만나 가르침을 받고 감화하여 대종교를 신봉하게 되니 이 역사적 만남이 만주의 독립운동사를 바꾸게 되는 계기를 마련하게 되는 중요한 순간이 된 것이다. 나철 교주를 만난 다음 바로 이홍래(을사오적암살단원으로 기차를 타고 경성으로 피신할 때 숨겨준 인연으로 동지가 됨) 등 동지들과 더불어 비밀결사체인 동원당을 조직하고 아울러 군사조직인 중광단을 조직하게 된다.

본디 서일은 3대 독자로 태어나 소년시절 서당에서 한학을 배웠고 스승 김노규 문하에서 한학, 수리학, 유교학 심지어 주역도 공부한 것으로 보인다. 서일이 지은 《삼일신고도해강의》나 《구변도설》을 보면 고차원적인 수리와 역리가 전개됨을 볼 수 있기 때문이다. 스승 김노규가 쓴 책 《북여요선》을 보면 북간도의 영유권을 주장하고 그 역사적 근거를 제시하고 있음이 나타난다. 김노규가 역사적 의식에 일찍이 눈을 뜬 인물임을 알 수 있다. 서일이 민족의식에 눈을 뜬 계기도 이러한 스승으로부터의 영향일 것으로 추리할 수 있다.

서일 총재의 대종교 봉교 이전의 활동 | 서일은 어린 시절 고향에서 스승 김노규의 문하에서 여러 해 한학을 배우면서 지식과 민족의식을 키우다가 경성함일사범학교 전신인 '유지의숙'에 입학하여 계속 배움에 몰두하였다. 유지의숙은 함경북도 근대화 운동의 선구자 이운협 선생이 창설한 곳으로 몇 해 후에 경성함일사범학교로 개칭되었다. 이운협 선생이 전 재산을 기울여 운영하는 이 학교는 많은 항일 운동가를 배출하였다. 서일은 유지의숙을 졸업한 1902년 봄부터 1911년 봄까지 약 10년간 고향에서 교편을 잡았다. 국학연구소의 국학논고 〈백포 서일의 삶과 사상〉이란 논문을 보면 "서일이 본격적인 다양한 학문에 접하게 된 시기는 유지의숙 재학 시절과 1902년 유지의숙를 졸업하고 10년간 지역사회에서 계몽운동과 교육사업에 헌신하던 때이다. 그가 어떤 분야에서 어떻게 공부했는지에 대한 기록은 없지만, 후일 그가 남긴 저술에 언급된 유·불·선에 대한 달견과 서양 종교·철학에 대한 심오한 비교 언급을 볼 때, 이 시기에 동서양 학문에 대한 체계적인 학습을 한 것이 분명하다"고 밝히고 있다. 이후 서일은 1910년 경술국치를 당하자 더 이상 국내에 남아서는 할 일이 없음을 깨닫고 1911년 나라를 건져야 한다는 일념으로 두만강을 넘어 왕청현 덕원리에 자리를 잡은 것이다. 그리고 교육사업과 종교활동, 항일독립운동의 기치를 높이 들게 된다.

서일은 덕원리로 이주한 후 대종교도들과 중광단을 결성하고, 1912년에 정식으로 대종교에 입교했다. 그는 남다른 종교적 자질로 대종교의 교리와 수행을 병행하면서 그 방면에 지대한 업적을 남겼다. 중광단은 체계적인 훈련을 통하여 본격적인 독립운동을 전개해 가면서 이후 정의단 그리고 군정부로 성장하였다. 이후 상해임시정부로 일원화시키기로 한 결정에 따라 북로군정서를 개편하고, 김좌진과 이범석 등을 영입하여 체계적인 군사훈련과 군사교육을 실시하였다. 또한 서일은 군교일치(軍教一致)를 통하여 독립군 활동과 대종교 활동을 함께 해 가는 수전병행(修戰並行)을 실천하였다. 그러므로 북로군정서 총재로써 독립군을 지도함과 동시에 대종교시교사의 직책을 갖고 종교지도자로서의 역할을 수행하였다. 단군한배검의 영정을 모신 수도실에서 스스로 삼법수행을 실천하는 등, 종교인으로서의 본분을 충실히 한 것이다.

한편 덕원리 지휘부는 무기구입과 대외정보 그리고 상해임시정부와

북로군정서 총재부가 있었던 덕원리 일대

타 독립군 조직과의 연계 등을 통한 종합적 지휘를 담당하였다. 이러던 중 북로군정서는 일본 토벌대의 이동에 관한 정보를 미리 접수하고 서둘러 사관학생 제1회 졸업식을 마치고 백두산 방면으로 이동해 가는 도중 청산리전투를 치르게 되었다.

지금의 덕원리는 집 한 채만 덜렁 남아 있다. 청산리전투 이후 일본군의 토벌에 의해 폐허로 되어 지금은 밭으로 변해 있다. 세월의 무상함과 당시의 망국의 무력을 느낄 뿐이다.

중광(重光)의 의미 ㅣ 서일이 조직한 중광단의 중광은 거듭 빛난다는 의미이며 대종교의 중광에서 기인한다. 나철은 대종교 일으킬 당시 창시라는 말을 쓰지 않고 중광이라는 말을 썼다. 이는 이미 존재하고 있던 단군교의 맥이 고려시대 24대 원종 때 몽고의 침입으로 전국이 유린당할 때, 민족의 맥인 단군교가 끊어져 700여 년간 이어오지 못하다가 다시 일으켜 세웠다는 의미다. 그러므로 단군교의 창교주는 단군왕검으로 보는 개념이라고 할 수 있다. 이렇듯 우리 역사를 통시적으로 끌어안으며 출발하는 대종교의 중광 이념은, 상해임시정부와 항일독립운동단체의 정신적 모토가 되어 일치된 정신의 기치 아래 통일적 구국운동을 전개할 수가 있었다.

(서일 백포 종사는 자유시참변 이후, 젊은이들의 죽음에 슬픔을 억누르지 못하고 밀산현 당벽진 뒷산에서, "굿것이 수파람하고 도깨비 뛰노니, 하늘·땅의 정기 빛이 어두우며, 배암이 먹고 도야지 뛰어가니 사람·겨레의 피·고기가 번지르하도다. 날이 저물고 길이 궁한데 인간이 어디메오"라는 스승 나철이 남긴 유언을 읊조리며 폐

기 조식법으로 조천하였다. 폐기 조식법은 나철 홍암 대종사가 1916년 8월 황해도 구월산에서 무수한 유서를 남기고 스스로 목숨을 끊을 때 썼던 방법이다)

왕청 시내에서 식사를 하였다. 운남 쌀국수집인데 2인분 한 그릇이 5위안으로, 아주 맛있고 저렴하였다. 20명이 50위안으로 점심을 해결하였다.

점심 후 영안현 동경성으로 향하였다. 도착하기까지 꽤 먼 길이었다. 답사 여행 3일째 되는 날이니 이제 슬슬 할 얘기가 많이 생기고 얘기 보따리를 풀어 놓고 싶어 안달이 난 동반자들이 있는 것을 알고 자기 자랑도 할 겸, 소감도 발표할 겸, 마이크를 잡고 이야기 꽃을 피워 갔다.

한 사람 한 사람 나와서 소감을 얘기하는데, 가장 감사하고 감명 깊은 내용은 이번 답사 여행에 할 수 없이 식구와 같이 왔는데, 참으로 너무 잘 왔다고 생각하고 많은 경험과 교훈을 얻었노라고, 그리고 좋은 분들을 알게 되어서 너무너무 감사하다고 얘기할 때 참으로 가슴에 흐르는 전율을 억제할 수 없었다.

본연구소 최삼관 이사가 부른 다음의 〈압록강행진곡〉이 모두의 마음을 뭉클하게 만들었다.

우리는 한국독립군 조국을 찾는 용사로다
나가! 나가! 압록강 건너 백두산 넘어가자
우리는 한국광복군 악마의 원수 처물리자
나가! 나가! 압록강 건너 백두산 넘어 가자
진주 우리나라 지옥이 되어 모두 도탄에서 헤매고 있다
동포는 기다린다 어서 가자 고향에
등잔 밑에 우는 형제가 있다 원수한테 밟힌 꽃 포기 있다
동포는 기다린다 어서 가자 조국에

우리는 한국 광복군 조국을 찾는 용사로다
나가! 나가! 압록강 건너 백두산 넘어 가자

동경성은 발해 융성기에 황궁이 있던 곳으로 그 크기로 미루어 장안성과 같은 규모로 어마어마한 규모다. 발해역사박물관에는 말갈에 의하여 지배한 지방국가로 표시해놓고 말갈은 만주국의 선조로 표기해 놓았으나 잘못된 표현이다.

발해는 220년만에 거란족에 의해 멸망했지만, 본연구소 임찬경 박사는 정권해체로 지칭했는데 이유는 중앙정권은 침공당했지만 지방정권은 건재하여 2년 만에 거란족이 철수하고 이후 여진족 아골타에 의하여 금나라가 세워졌다는 설명이다.(여진족은 고구려에 의하여 복속됐던 북옥저와 읍루의 후예이다)

발해국의 건국 | 668년 고구려가 나당 연합군에 의하여 무너진 이후 고구려 옛영토 대부분은 신라와 당나라 어디에도 속하지 않는 힘의 공백 지역으로 남아있었다. 신라는 평양 이남 지역을 차지했을 뿐이고 당나라 또한 만주 지역을 장악하지 못하고 있었다. 당나라는 고구려를 무너뜨리고 나서 직접적인 통치의 한계성으로 고구려 유민들을 국외로 강제 이주를 시켰는데, 그 중에서도 요하 서쪽의 영주지방으로 많은 이주가 이루어졌다. 당시 그곳에는 거란족이 거주하고 있었다.

원주민인 거란족, 이주해 온 고구려 유민, 또 고구려에 예속되었거나 협력해 온 말갈족 등이 영주지방에 섞여 살던 중 696년에 당나라에 대한 대규모 반란 사건이 일어났다. 영주도독 조문홰가 가혹한 통치를 하자 거란인 이진충, 손만영 등이 반란을 일으켰다. 이들은 조문홰를 죽이고 영주를 점거했다. 영주 일대가 혼란에 빠진 틈을 이용하여 고구려 유민 대중상(걸걸중상)과 말갈인 걸사비우는 억류되어 있던 고구려 유민과 말갈족을 각각 이끌고 당나라의 지배에서 벗어나 동쪽으로 이동하였다. 대조영은 대중상의 아들로서 아버지와 함께 고구려 유민을 이끌었다. 당황한 당나라는 대중상에게는 진국공을, 걸사비우에게는 허국공을 책봉하여 회유하려 하였으나 이를 거부하고 탈출을 계속 감행하였다. 회유책이 실패하자 당나라 측천무후는 당나라에 항복한 거란 출신 장수 이해고에게 대군을 주어 토벌하도록 하였다. 이해고는 걸사비우가 이끄는 말갈족을 먼저 공격하였고 말갈 부대는 힘껏 싸웠으나 중과부적으로 대군을 물리치지 못하고 싸움에 패하고 말았다. 이 싸움에서 걸사비우는 전사하고 만다.

대조영은 패전한 말갈족을 흡수하여 대열을 재정비하며 동쪽으로 진군하였다. 천문령에 도착한 대조영은 산세가 험하고 매복 습격이 유리한 그 곳에서 추격해 오는 당나라군을 맞을 준비를 하였다. 미리 곳곳에 고구려 군사와 말갈 군사를 매복시키고 날쌘 군사 3천 명을 선발해 당나라 군사를 유인하도록 하였다. 말갈군을 격파하고 기세가 오른 당나라 군사들이 유인 부대를 따라 천문령 골짜기로 몰려들었다. 이 기회를 놓치지 않고 고구려국 군사들과 말갈 군사들은 당나라군을 일제히 공격하여 이 전투에서 당나라 군사들은 거의 전멸당하고 이해고 혼자 패잔병의신세로 영주로 퇴각하게 된다. 이 전투에서 대조영의 아버지 대중상 장군도 전사한 것으로 보인다.

이 천문령 전투는 고구려군을 지휘한 대조영의 날쌔고 용감한 용병술에 의한 승리였다. 천문령 전투의 승리로 인하여 대조영은 자신의 능력을 대내외에 과시하면서 새로운 나라를 세울 기반을 마련할 수 있게 된다. 무리를 이끌고 다시 동쪽으로 향한 대조영은 동모산에 성을 쌓고 터전을 마련하였으며, 옛 고구려 땅에 흩어져 살던 유민들을 모아 드디어

698년 진국이라 일컫는 발해를 세우게 된다.

발해 동경성의 발해역사박물관 앞에서
(내부는 사진촬영을 금지하였다)

발해는 중국에까지 해동성국으로 칭송 받던 강대국이다. 영토로는 서만주, 한반도 북부까지 아우르는 커다란 영토를 보유하였다. 사방 둘레가 16키로미터의 광대한 황궁은 외성 입구에서 내성까지의 대주작로의 넓이만 150미터에 달했다. 또한 그 길이가 2.5키로미터이며 바닥이 돌로 포장되어 있어 그 웅장한 규모는 참으로 대단했다.

당시 발해 동경성 상경 용천부 황궁을 방문한 외국 사신은 그 위엄에 눌려 저절로 어쩔 줄 몰라했다는 기록이 있다.

지금도 남아 있는 왕궁터와 현무암 기단, 회랑터 등이 당시의 웅대함을 말해주고 있다. 그 크기로 보면, 동서 4키로 남북 4키로이며, 대주작은 2.5키로이고 황궁은 1.5키로에 위치해 있다.

기단석의 크기로 미루어볼 때 기둥의 두께가 굉장했음을 알 수 있으며 그 위용을 미루어 짐작할 수 있겠다.

황궁 서편으로 목단강이 흘러 자연 해자를 형성하고 있어 외세 침략에도 유리한 지형의 형세를 이루고 있다. 그러나 동쪽에는 해자가 없어 침략의 대비책이 별도로 있었는지는 궁금하다.

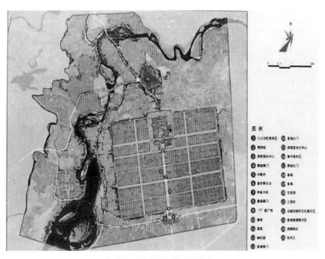
발해상경용천부 유지 평면도

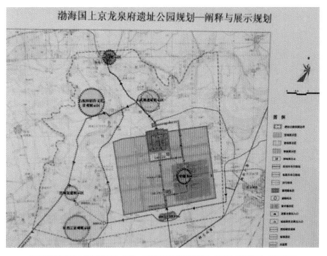
중국정부가 계획하고 있는 발해상경용천부 유지 공원화 상세도

동경성 외곽 북서지역에 목단강과 접한 부분에 대종교의 원로 백산 안희제가 운영하던 발해 농장이 자리 잡고 있었다. 목단강으로부터 관개수로의 유리한 점이 있었기 때문으로 보인다.

단애 윤세복 종사가 대종교를 이곳으로 이사하여 대종교 총본사와 대종학원을 세웠는데 그 터는 동경성내 동남쪽에 위치해 있었다.

발해국5경 | 발해는 5개의 경을 두었는데, 3곳은 실제 도읍을 했던 곳이고 나머지 두 곳은 전략적 요충지로서의 기능을 했던 곳이다.

발해는 처음 돈화현 동모산에서 성을 쌓고 도읍을 정하였으나, 3대 문왕 대흠무에 이르러 지금의 화룡현 청파호에 중경현덕부를 설치하고 도읍을 이전하였다. 이 곳은 철이 생산되어 경제적 실익이 크고 두만강 해로를 이용한 외국과의 교역이 용이한 점이 있었다. 이후 문왕은 생전에 상경용천부로 천도하였다가 다시 동경용원부로 이전하였으나, 사후 바로 다시 상경용천부로 이전하여 멸망할 때까지 도읍하였다. 서경압록부는 압록강변의 해로를 이용한 당나라와의 교역 및 외교관계를 다루는 제일 광활한 영토를 관할하는 서경이었다. 15부 중 11부가 여기에 속해 있어 그 광활함을 알 수 있다. 남경은 지금의 함흥 또는 북청 지역으로 신라와의 관계를 고려한 서울의 기능을 둔 것으로 보인다.

발해상경용천부의 궁궐 유지(遺址)에서   발해상경용천부의 성터 유지에서

발해5경을 표시한 발해강역도

저녁식사를 마치고 숙소로 오니 여기는 김좌진 장군의 역사박물관이 자리잡은 해림(海林)의 한중우호공원으로 조성되어 있는 백야 김좌진장 군기념관 내에 있는 숙소였다. 이 한중우호공원은 김좌진의 후손인 손녀 김을동 전 국회의원이 사재와 정부의 예산을 받아 건립하였다고 한다.

해림에 있는 백야 김좌진 장군 기념관 앞에서의 필자

넷째 날 | 8월 16일(토)

4일째 아침 김좌진장군기념관 별관에서 식사를 하고 문화중심(센터)으로 간판이 걸린 만주 독립운동관 역사전시관(백야김좌진장군을 중심으로 꾸며 놓음)을 견학하였다. 현재 관리인의 설명을 들었는데 1관부터 4관까지 잘 정리된 모습이었다. 대종교 삼종사를 비롯한 상해 임시정부관 등, 독립운동조직을 체계 있게 정리한 전시관이었다.

이제 액하감옥으로 향했다. 1942년 11월 대종교지도자 21인이 체포되어 무진 고문을 받은 감옥이다. 일제에 의하여 이루 형언할 수 없는 체벌과 대우을 받으며, 육체적 고통을 느끼고 그로 인하여 대종교 선열 10분이 돌아가셨다. 권상익, 이정, 안희제, 나정련, 김서종, 강철구, 오

백야 김좌진 장군 흉상앞에 선 일행 중의 막내 신규도군(본연구소 신영태 이사의 장남)

근태, 나정문, 이창언, 이재유 등이 그들이다.

일제에 의하여 저질러진 이 만행은 곧 임오년에 일어나 임오교변(壬午敎變)이라 부르고, 이때 순교한 10분의 대종교지도자들을 임오십현(壬午十賢)으로 추모하고 있다.

임오교변과 조선어학회사건 | 임오교변은 1942년 11월 19일에 국내외 대종교 지도자 21명을 동시에 체포하여 감옥에 가두고 단군정신 민족주의를 말살하려는 사건이다. 또한 조선어학회사건은 1942년 10월 1일부터 1943년 4월 1일까지 한글학자 33명을 검거한 사건이다. 우리의 얼과 말과 글의 말살을 통해 조선의 영구식민지를 획책하려 했던 일제의 마지막 발악이었다. 일제의 압력으로 1925년 길림성 성장인 장작림은 일본과 삼시조약을 체결하고 그 부대조항에 포함된 대종교해산 항목에 근거하여 1926년 만주 내에서의 대종교 금지령을 발포하였다. 이후 박찬익, 조성환, 이시영, 이동녕 등 대종교 지도자들의 노력으로 1930년 포교금지령은 해제되었지만, 1931년 9월 18일에 발생한 만주사변으로 만주지역이 일본의 실질적 지배에 들어감으로써 그 실효를 보지 못하였다. 이런 와중에 대종교의 포교활동이 재개되자 일제는 밀정을 파견하여 대종교의 지도자와 그 활동을 세밀히 파악하기 시작했다. 즉 일제의 대종교 포교허가는 그것을 계기로 대종교의 중심인물을 표면에 들어나게 함으로써 대종교를 근본적으로 폐쇄시키고자 하는 회유책이었다.

이러한 분위기 속에서 1942년 여름 윤세복 교주가 당시 국내에 있던 조선어학회의 이극로에게 편지를 보낸 일이 빌미가 되어 일이 터진다. 윤세복 선생은 「단군성가」를 작사하여 작곡을 의뢰하였는데 이것이 이극로의 책상에서 발견되고 그 편지 속에 「널리 펴는 말」이라는 원고가 동봉되어 같이 발견됨으로써 조선어학회 사건과 임오교변이 동시에 발발한 것이다.

대종교의 원로 이현익은 『대종교인과 독립운동연원』에서 "이극로가 (독일 유학을 끝내고) 귀국하여 전국 명사를 망라하여 어학회를 조직하고 한글큰사전 편찬 등, 10여 년간 갖은 형극의 길을 걸어오시다가 임오교변 2개월 전인 10월 경에 국내에서 한글어학회(조선어학회를 이름)가 선두로

전원이 검거되어 함남 홍원 감옥에서 수감 4년 만에 해방되었고, 대종
교는 당년(1942) 12월에 간부 전원이 검거되어 만주 목단강 감옥에서
순국 십현(十賢)외 무기형을 받고 역시 4년 만에 해방되니, 한글어학회
사건이 대교(대종교를 이름)교변이요, 대교 임오교변이 곧 독립운동 실기
가 되는 것이다. 그 당시 어학회는 국어통일로 사상통일을 시켜 민족단
결을 기한 것이고 대종교는 국가민족의 전통을 계승하여 민족혼을 새로
이 하는 강력한 힘을 가졌던 것이다. 그리하여 전국 지사들은 무조건 대
종교를 신봉하였다. 그러므로 어학회도 대교 비밀간행물을 간행하였고
모험은성을 다 바쳐 왔던 것과, 은밀한 연락이 내왕한 것도 그야말로 대
교의 비사가 된다.

이현익의 위 기록에서 특히 주목을 끄는 것은 대종교의 임오교변과 조
선어학회 사건이 같은 대종교 사건으로 기록하면서 조선어학회가 대종
교의 비밀스런 업무를 수행하고 주고받는 연락장소로 사용되었음을 밝
히고 있다는 점이다.

액하감옥은 지금도 붉은 벽돌로 지은 담벽이 그대로이고 담위에는
고압전력이 흐르는 철조망의 흔적이 지금도 남아있어 가슴을 아프게 했
다. 일제가 얼마나 혹독하게 독립군 간부들을 괴롭혔는지 알 수 있을 듯
했다.

본 건물은 2개동이 남아 있으나 앞동은 앞 쪽에 약간 현대식으로 시
멘트로 개축하여 염색 공장으로 최근까지 사용하였다 하며, 주위에는 이
미 아파트가 들어서고 공사 중에 있어(이미 액하 감옥 내에서도 아파트건축
중임) 앞으로 이 건물이 없어지지 않을까 걱정이 된다.

일부 남아있는 액하감옥 건물의 모습

일제는 고문을 하여 사람이 죽으면 건너편 산에 구덩이를 파고 묻어 버렸다고 한다. 그런 이유로 중국 사람들은 이 지역은 만인갱으로 불렀다고 한다. 그 만큼 사람을 죽인 구덩이가 많았다는 뜻이다.

나철 홍암 대종사의 장자 나정련과 차자 나정문도 이 액하감옥에 끌려가 죽임을 당한 임오십현에 포함되어 있다. 그리고 그 시신마저도 지금까지 찾지 못하고 있다. 참으로 분통할 일이 아닐 수 없다.

필자의 두 여식인 김소희, 김민지 양이 슈퍼에서 소주 2병을 사와 액하감옥 주위에 억울하게 죽은 선열들께 위로하고 사죄하는 마음으로 제를 올렸다. 참으로 기특하지 않을 수 없다.

홍암 나철 대종사의 증손녀이자 임오십현의 한 분인 나정련(나철대종사의 장자)의 손녀인 나도숙 씨(필자의 內子)는 대성통곡을 하며 발길을 옮기지 못하여, 남편인 필자(김종성)와 신효철 이사의 부축을 받으며 자리를 떴다.

지금도 남아있는 액하감옥의 건물 잔해. 지금 한창 개발 중이라 곧 헐릴 예정임.

민족선열들이 겪었던 고충에 비하면 우리는 아무것도 아닐진대 우리에게 지워진 사명은 너무 무겁기만 하다는 것을 새삼 느꼈다.

임오십현(壬午十賢) | 임오10현(十賢)은 1942년(임오년)에 일제에 대한 항일독립운동의 근간인 대종교를 압살하고자 일제가 대종교 간부 21인을 구속하여 그 중 10인을 고문치사(拷問致死)에 이르게 한 사건으로써, 재판 과정도 없이 맹수의 수법으로 살인에 이르게 한 잔인무도한 섬나라의 심성을 그대로 드러나게 한 사건이었다. 그 때 돌아가신 분들은 오근태, 안희제, 강철구, 김서종, 이창언, 이재유, 나정련, 나정문, 이정, 권상익이시다. 이 중 나정련, 나정문은 홍암 나철 대종사의 아들이고, 안희제는 백산상회 운영과 발해 농장을 통하여 구체적인 독립자금의 원천을 제공한 인물로도 유명하다.

당시 액하감옥에서는 독립운동가에 대한 전기 고문이 심했는데, 전기
인입선의 애자가 지금도 선명히 남아 있어 당시의 참혹함을 말해 주고
있는 것 같다.

이제 하얼빈을 향하여 출발하였다. 광활한 대지는 우리들의 마음을
한껏 넓혀 주었다. 문득 한반도의 답답한 모습과 좁은 영토에서 아귀다
툼하는 우리 정치인들의 모습이 안쓰럽기만 했다. 본디 우리 단군민족들
은 광활한 만주 영토에 기반을 둔 진취적 기상을 가진 집단이었다. 이제
웅대한 호연지기를 뜻으로 품고 세계의 인류를 구하는 도덕과 철학을
바로 세워 홍익인간과 이화세계를 이루어 나아가야겠다는 다짐을 다시
금 새겨 본다.

임오교변 목격담(目擊談)

이 증언은 1989년 조선족 학자인 강용권이, 흑룡강성 영안진에 살고 있던 차경순이라는 노인으로부터 임오교 변이 일어날 당시의 상황을 직접 목격한 이야기를 녹취 한 기록이다. 필자의 장인(丈人)과 연관된 기록이기에 수 록해 본다.

"내가 보통학교 6학년 때 하루는 친구인 나종권(필자의 丈人-필자 주)의 집으로 시험공부하러 간 적이 있는데, 일본 경찰들이 사람을 들어가게 만 하고 나오지는 못하게 했다. 나는 영문도 모르고 안으로 들어가 보니 집안에는 두루마기를 입은 네 명의 노인을 앉혀 놓았는데, 머리에는 모 두 검은 광주리를 씌워놓아 누구인지 분간할 수가 없었다. 일본경찰들 은 부산하게 움직이며 수색을 하고 있었다. 일경들이 나를 가운데 앉히 더니 꼬치꼬치 캐물었다. 나는 몇 번이고 학생이라고 했으나, 믿어지지 않은지 나를 데리고 학교에까지 가서 확인하고서야 놓아주었다. 일본경 찰들은 대종교 간판을 떼어 간다, 대종교서적을 날라 간다, 사람을 잡아 간다. 하루 종일 법석을 떨었다".(강용권, 『죽은 자의 숨결, 산 자의 발길』, 장 산, 1996, 32쪽.)

금나라 최초의 수도 아성의 박물관에
있는 금나라 태조 완안아골타의 흉상

금나라는 120년밖에 존속하지
못했지만 만주의 여진족(북옥저 읍
루의 후예)이다. 거란족이 2년 만에
발해지역에서 물러나니 배달민족
의 후예 아골타가 금나라를 창건
하였다.(《금사》에 의하면 아골타는 평
주 김함보의 7대손으로 기록되어 있음)

하얼빈시 아성지역에 도착하니
금태조박물관과 금태조릉이 우리
를 기다리고 있다.

아성 지역에서는 이 지역을 금원(金源)이라는 별칭으로 부르고 있었
다. 창건하자마자 거란을 평정하고 중원지역까지 장악하여 양자강 이남
의 남송과 자웅을 겨루었다. 이 후 몽고의 강세로 원나라에 패망함으로
써 막을 내리게 되지만, 단군민족의 후예로써 북조시대(발해·요나라·금
나라·청나라)의 맥을 잇게 되었다.(남조는 신라·고려·근세조선)

금태조 황제릉은 둘레가 1키로미터에 달하였다. 박은식은《몽배금태
조(夢拜金太祖)》에서 금태조를 단군민족의 후예로 인정하고 우리의 역사
로 포함시키는 등, 우리나라의 역사의 범위를 넓히는 중요한 역할을 하
였다.

임찬경 박사는 고조선, 북부여, 고구려, 발해, 금나라, 청나라로 이어지
는 대륙사관의 맥을 이어오는 역사관을 다시금 정립할 필요성이 있음을
강조하였다.

금나라의 영토 광역도

몽배금태조(夢拜金太祖) | 몽배금태조는 백암 박은식이 서간도 환인현
의 동창학교에서 단애 윤세복의 초청에 의하여 단재 신채호 등과 함께
교편을 잡을 때 지은 책이다. 제목의 의미는 '꿈에서 금나라 태조를 뵙
고 배알하다'는 뜻이다.

당시 박은식은 박기정이라는 이름으로 이 책을 저술하였다. 박은식은
우리 민족사에 금나라를 북조시대의 일원으로 편입시켜야 한다며 다음
과 같이 갈파를 하고 있다.
"무릇 이 땅(당시 백암 박은식이 기거하고 있던 서간도 환인현 지역을 이른다-필
자 주)은 우리 선조의 고토이다. 지금 그 지도상 전부를 조사하고 고대의

유적을 답사해 보니 백두산은 단군대황조의 발상지이고, 현도 이북 천 여리에 걸치는 옛 부여국(지금의 개원현)은 단군 후예의 터전이다. 요동 서쪽 2천리에 걸친 영평부는 기씨조선의 경계이고 서쪽으로 금주 해안 을 경계하며 동쪽으로 흑룡강을 끼고 북쪽으로 개원현에 이르기까지 모 두 고구려와 발해의 강역이었다."

이어서 "이 만주 산천은 예부터 영웅호걸이 배출되던 고장이다. 졸본 과 환도는 고구려 동명성왕과 대무신왕과 광개토대왕의 발상지이고, 백 산의 동부는 발해 고왕과 무왕과 선왕의 발상지이다. 성경·회령·흥경 은 요태조·금태조·청태조의 발상지이며 석륵·고환·연개소문·양만 춘·완안종간·야율초재 등 여러 인물이 다 이 곳 출신이다."라고 하여 조선족과 만주족은 다 같은 단군대황조의 자손이므로 이를 달리 보지 말고 인종적 측면이나 영토적 측면에서도 동질적 요소를 발굴·유지시 켜 강대한 나라의 재건의 중대성을 강조하였다.

금태조의 계보 ┃ 금나라의 태조 완안 아골타(아구다)의 선조는 우리나 라 사람임에 틀림없어 보인다. 금나라의 역사서인 《금사》를 보면 다음 과 같은 기록이 실려 있다."'금나라의 시조 함보는 처음에 고려에서 왔 는데 나이 이미 60세였다. 형 아고내는 불교를 좋아해 뒤를 따르려 하 지 않으며 고려에 잔류하면서 말하기를 '후세 자손들은 반드시 모여 만 나는 자가 있을 것이니 나는 가지 않겠다' 하여 함보는 보활리와 함께 갔 다. 시조는 완안부 복간수 강가에 살았고 아우 보활리는 아라에서 살았 다. 완안부에 들어가 아들 둘을 낳았는데 오로, 알로라고 하였고, 딸은 주사판이라 하였다.(金始祖諱函普 初從高麗來 年已六十餘 垵 兄阿古乃好佛 留高 麗不肯從 曰 後世子孫必能相聚者 吾 不能去也 獨與弟保活里 始祖去完顏部伏干水之 涯 保活里居耶賴 後生二男 長曰 烏魯 次曰幹魯 一女曰注思板)"

계보를 추적해 보면, 시조 완안 함보(합부, 감복 – 실제 이름은 김함보이나 완 안부에 거주하면서 고려나 요나라로부터 태사의 직을 하사 받아 추장의 역할을 수행하면서 성도 통치지역의 명칭을 차용하여 완안으로 사용한 것으로 추정된다). 이후 1대 추장 완안 오로(우루, 함보의 장자), 2대 추장 완안 발해(완안 오로의 장자), 3대 추장 완안 수가(완안 발해의 장자), 4대 추장 완안 석노(실루, 수가의 장자), 5대 추장 완안 오고내(우구나이,석노의 장자), 6대 추장 완안 핵리발(호리포, 오고내의 차남), 7대 추장 완안 파자숙(폴라수,호리포의 동생), 8대 추장 완안 영가(잉게, 호리포의 동생), 금태조 완안 아골타(완안 핵리발의 차자, 형 장자는 완안부 9대추장인 완안 오아속(우야수), 동복 동생 완안 오걸매가 2대 황제가 된다)

박은식도《몽배금태조》에서 "무릇 대금국 태조 황제는 우리나라 평주 사람 김준(김함보의 다른 이름으로 김행, 금행이라고도 한다-필자 주)의 9세손(9대 추존 황제가 있지만 세손으로는 7세손임-필자 주)이고 그 발상지는 지금의 함경북도 회령군이다. 그 민족의 역사로 말하면 여진족은 발해족의 다른 이름으로 발해족에 마한족 이주자가 많았다. 금나라의 역사로 말하면 두만강변의 한 작은 부락에서 일어나 단숨에 요나라를 멸하고 다시 북송을 취하여 중국 천지의 주권을 장악하였다"고 기록하고 있다.

금나라 태조 아골타의 무덤 앞의 비석

이어 하얼빈 시내로 들어갔다. 하얼빈은 1900년대 러시아의 조차지였다. 이제 하얼빈시내의 중앙대가의 상권을 구경해 보자.

중앙대가는 러시아 조차지 시설 러시아인들이 조성한 상권거리이다. 바닥은 돌로 포장하였는데 그 깊이가 매우 깊어(20센티-30센티로 추정) 오래되었음에도 그 견고성이 대단하여 현재까지 이어져 오고 있었다. 중앙 대가를 통하여 20분 정도 걸어가니 송화강이 나왔다. 송화강은 서울의 한강보다도 훨씬 넓은 크기의 강으로 보이며 물의 넘실거림으로 보아 물의 유량도 어마어마한 양이었다.

송화강은 백두산 장백폭포로부터 발원한 백두산 유일의 직원(直源)의 강으로써 만주에서 단군민족에게 중요한 의미를 간직하고 있는 강이기도 하다.(반면 압록강과 두만강은 백두산 천지에서 발원하지만 장백폭포처럼 직원은 아니다)

본연구소 임찬경 연구원과 함께

중앙대가 구경을 마치고 만두 전문집으로 저녁식사를 하러 갔다. 오늘은 답사일정 마지막 밤이라 중국식 만두로 포식을 하였다. 그 양이 어마어마하였다.

게다가 송태화 고문께서 고량주를 특별히 제공해 주어 흥을 돋우며 즐거운 만찬시간을 보낼

수 있었다.

　중국은 한국과 달리 1차(식사) 2차(노래방) 개념이 없고 식사 장소에서 식사와 여흥을 동시에 즐기는 현지 관습에 따라 최순연 교장선생님(정길영 박사 부인)의 사회로 여흥 시간도 가졌다.

　노래를 부르고 거기에 맞춰 춤을 추면서 흥겨운 시간을 가졌다. 소감을 밝히는 시간에도 각오와 회환의 마음을 밝히면서 분위기가 숙연해지기도 하였다.

　홍암 나철 대종사의 증손녀인 나도숙 여사는 액하감옥에서 일제의 혹독한 고문 끝에 할아버지 나정련과 작은 할아버지 나정문의 두 분을 잃은 슬픔을 억누르지 못하고 감정이 복받쳐 흘러나오는 울음을 참지 못하여 눈물바다가 되는 광경이 벌어지기도 하였다.

　그러나 박종민군이 바위섬과 유행가 노래를 참으로 구성지게 부르며 참석자들의 심금을 울리기도 하였다. 김종성 이사와 박성신 이사장, 임찬경 박사의 소감을 듣고 끝마쳤다.

　하얼빈 곤륜(KUNLUN)호텔에 여장을 풀었다.

곤륜호텔은 하얼빈역에서 매우 가까이에 있었다. 아침에 일어나 200미터 앞 하얼빈역에 있는 안중근의사기념관(이 기념관은 박근혜 대통령이 시진핑 총서기에게 요청하여 2014년 금년에 세워짐)을 방문하니 하얼빈역 앞에는 이른 아침임에도 오고가는 사람들로 초만원을 이루었다. 흑룡강성의 성도임을 짐작케 한다.

안중근 의사가 이토 히로부미를 저격한 철도역 내 현장을 목격하고 기념관을 둘러보면서 안중근 의사의 숭고한 정신을 되새기는 시간을 가졌다.

안의사는 이등박문 저격 후에도 심판대에 서서 일본의 잘못을 조목조목 지적하며 동북아 평화론을 주창했다. 강개비분하는 대한의 아들로서 담대한 모습으로 대한국민의 기개를 보여주었다고 할 것이다.

안중근의사기념관내에 전시된 여러 유물들 중 유독 경천(敬天)이라는 글자가 눈에 들어온다. 우리나라 3대 정신이 경천(敬天), 숭조(崇祖), 애인(愛人)의 정신이 아닌가.

안중근 의사는 1879년 황해도 해주에서 태어났다. 1904년 평양에서 상점을 경영하였으나 이듬해 을사늑약이 체결되었다. 이에 상점을 팔아 1906년 삼흥학교를 세우고 남포의 돈의학교를 인수하여 인재 양성에 힘썼다.

그러나 국운이 극도로 기울자 합법적 방법으로는 나라를 바로 세울 수 없음을 느끼고 1907년 연해주로 망명하여 의병운동에 참가하게 된

다. 이듬해 전제덕 휘하에서 대한의군참모중장 겸 특파독립대장 및 아령지구 사령관 자격으로 엄인섭과 함께 100여 명의 부하를 이끌고 두만강을 넘어 국내 진격작전을 벌였으나 성공하지 못했다.

하얼빈역에는 플랫폼 바닥에 안중근 의사가 이토히로부미를 저격한 장소를 표시해 놓고 있다.(1909년 10월 26일 오전 9시 30분경 저격)

이후 1909년 동지 11명과 함께 죽음으로써 구국투쟁을 벌일 것을 손가락을 끊어 맹세하고 동의단지회를 결성하였다.(유필에 남긴 손지장의 단지 모습은 이 때 이루어진 것으로 보인다) 이 때 함께 거사를 했던 우덕순, 조도선, 유동하도 체포되어 함께 재판을 받았다. 또한 이러한 거사 뒤에는 러시아 교포이면서 러시아에서도 대부호인 최재형 선생의 도움이 매우 컸다고 전해진다.

하얼빈역에 위치한 안중근 의사 기념관

안중근 의사는 사형을 언도 받고 동양평화론을 집필하는 중에 다 마치지도 못하고 1910년 3월 26일에 사형을 당하였다.

안중근 의사의 동양평화론 | 안중근 의사의 이토히로부미의 저격 사건은 청나라 땅 만주를 무대로 러시아, 일본을 비롯한 서구 열강이 패권을 놓고 각축하던 상황에서 만주 분할 점령을 위해 하얼빈을 찾은 일제 침략의 원흉을 처단한 국제적인 대사건이었다. 의거가 일어나던 무렵은 러일 전쟁 후 만주 지역 독점적 지배를 위해 러시아와 일본의 야합이 초고조에 달할 때였다. 안중근 의사가 구상한 '동양평화론'의 골간은 서양의 침략을 맞이하여 동양평화를 유지하려면 한국과 청국, 일본 등 삼국이 일치단결해야 하며 이들 삼국은 각기 독립을 유지하는 가운데 단결을 이루어야 한다는 것이다. 새삼 홍암 나철 대종사의 한·일·청 3국 평화론이 떠오른다.

하얼빈 박물관을 견학코자 하였으나 정전으로 입장하지 못하여 아쉬움이 있었다. 답사 마지막 코스인 일본군의 생체실험현장인 731부대를 방문하였다.

일제는 2차 대전 전쟁물자에 대비하여 사람을 상대로 생체 실험을 하고 화학무기를 만들어 테스트하는 등 이루 형언할 수 없는 잔혹함을 드러냈다. 일제의 만행으로 인해 체포된 독립투사, 중국의 항일투사 심지어 중국의 무고한 사람들까지 3,000명이 희생되는 잔혹한 악행을 저질렀다.

《펠로폰네소스(Peloponnesian)전쟁사》를 저술한 투키디데스(Thukydides)

는 "전쟁은 폭력교사이며 인간을 잔인하게 만든다"고 말하며 아테네와 스파르타의 27년 동안의 전쟁의 환경이 인간의 본성을 악하게 만든다고 주장하였다. 제2차 세계대전을 일으킨 일본의 경우에도 명치유신이라는 근대화의 좋은 기회를 전쟁의 환경으로 몰아가는 정치지도자들의 잘못된 국가관으로 일본은 파멸의 길에 이르게 된다.

정문에서 바라 본 731부대의 건물 모습.
그래도 상당 부분의 건물이 보전되어 있다

인간은 근본적으로 선하다고 생각한다(물론 성악설을 주장하는 사람도 있다). 일본인들도 근본적으로는 순종적인 면을 가지고 있다고 한다. 전국시대에서 순종적이지 않으면 생명을 부지하기 어려운 환경으로 인한 부분도 있을 것이다. 그래서 속마음과 행동이 다르다고도 한다. 살아남기 위한 방편으로도 보아 줄 수 있다고 치자.

그러나 잘못된 지도자를 만나면(작금의 아베 총리처럼) 국민들은 잘못된 정보를 사실인 양 알게 되고 정치가들은 국민들을 호도하여 잘못된 길로 이끌게 되어 국제사회의 협조자 일원으로서가 아니라 국제사회의 파괴자로서 죄를 짓고 지탄을 받게 되는 것이다.

사회의 어떤 흐름이나 분위기가 있으면 거기에 따라가려는, 특히 힘 앞에서는 무조건 굴복하는 일본인이 본래 가지고 있는 순종적인 성격을 이용하여 전쟁에 끌어들이고 순진한 백성들도 전쟁의 논리에 빠져들어 잔인해져 가는 극한의 경우를 우리는 731부대 생체 실험 현장에서 목도하게 된다.

그들이 전쟁에 몰입하지 않고 국가 경제와 국민 복지를 힘썼다면 지금은 얼마나 평화로운 세상에서 정다운 이웃으로 살고 있지 않을까 생각한다. 다시는 이러한 일이 일어나지 않도록 민족의 정신으로 확고히 무장하여 미래를 대비하여야겠다는 생각을 다져보았다.

731부대 | 흑룡강성 하얼빈에 있던 일제 관동군 산하 세균전 부대이다. 1936년에서 1945년까지 전쟁포로 및 기타 구속된 사람 3,000여 명을 대상으로 각종 세균실험과 약물실험 등을 자행한 곳이다. 부대 예하에는 바이러스, 곤충, 동상, 페스트, 콜레라 등 생물학 무기를 연구하는 17개의 연구반이 있었고, 각각의 연구반마다 마루타라고 불리는 인간을 생체실험용으로 사용하였다. 1940년 이후 해마다 600명의 마루타들이 생체실험에 동원되어 최소한 3,000여 명의 한국인, 중국인, 러시아인, 몽골인 등이 희생된 것으로 추정된다. 또한 종전 후에는 이시이 시로를 비롯한 부대원들은 세균전 연구 결과를 모두 미군에 넘기는 조건으로 전범재판에 회부되지 않고 면책된 것으로 알려지고 있다.

점심을 한식당 '한라산'에서 김치찌개와 김치볶음으로 오랜만에 김치와 함께 먹으니 힘이 솟는 것 같다.

이제 하얼빈 공항으로 출발한다. 헤어진다고 생각하니 조금의 섭섭함이 있었는지 임찬경 박사가 다시 마이크를 잡는다.

우리의 귀염둥이 신규도 군(8살)이 마이크를 잡고 필자(신규도군은 나를 텍사스 아저씨로 불렀다)로부터 배운 "무법의 도시 텍사스"를 멋지게 읊조리며 황금박쥐로 노래로 마무리하여 모든 사람으로부터 우레와 같은 박수를 받았다.

한 사람 한 사람 모두 나와 금번 답사의 소감을 밝히면서 내년의 답사(아마 서간도 지역이 될 것 같다)를 기약하고 참여를 확약하면서 공식적인 일정을 마감하였다.

하얼빈에서 중국남방항공을 타고 인천공항에 내리니, 다시 반도사관에 사로잡힌 대한민국의 역사관에 답답함을 느낀다.

우리 단군 배달민족의 터전이 만주처럼 광활한 벌판의 호연지기와 심연한 사고가 한반도의 남단과 북단에 자리 잡기를 다시금 기원해본다.

금번 국학만주답사에 기획하고 끝까지 일정상에 큰 누나처럼 챙겨주신 최경주 님, 그리고 국학의 지주 김동환 선생, 이번 국학기행의 해설을 맡아주신 임찬경 박사께 깊은 감사를 드리는 바이다. 참석하신 모든 분들 노고가 많으셨습니다.

제2차 답사

서간도
답사기

단기 4348(2015)
8. 12~8.16(4박 5일)

적도의 강력한 저기압의 발달로 강한 태풍이 대만을 휩쓸고 막대한 피해를 입혔다. 이어 중국 본토로 진입하여 한바탕 폭풍우가 몰아치더니 이내 소멸하는가 했지만, 그 태풍은 언제나 그렇듯이 따뜻한 공기와 대량의 수증기를 동반하고 북쪽의 좀 더 차가운 공기와 만나면서 더 많은 수증기를 만들어 폭우를 몰고 왔다.

그 태풍은 이제 소멸되려고 하나 그 생명 끝까지 그 위용을 뽐내고자 주위에 커다란 비를 뿌린다. 일기예보상 오늘은 한반도에 비가 온다고 하여 며칠 전부터 여간 걱정이 되는 게 아니었다.

벌써 꾸려 놓은 짐을 들고 집을 나서니 맑은 하늘이 우리를 반긴다.

인천공항까지 갈 때 올 때 회사의 손기사가 우리를 태워 주기로 해 여간 편한 것이 아니다. 금년에도 작년과 같이 우리 부부, 소희, 민지 이렇게 넷이서 출발했다. 둘째 여식 주령은 영어학원 강의 일정으로 참석을 하지 못한다.

12시 45분 비행기 출발이지만 집은 벌써 새벽 5시부터 어둠을 쫓아내고 있었다. 아침의 성화에 긴 잠을 줄이고 집사람의 행동에 동참하기로 하였다. 전날까지 모든 준비물을 철저히 준비하고 짐을 쌌지만 그래도 빠진 것이 없나 궁금하기 때문이리라.

언젠가부터 여행은 가뿐히 떠나야 홀가분하고 덜 힘들다는 생각에 되도록 짐을 줄이고 있지만 그래도 최소한 욕심대로 짐의 크기는 커가기만 한다. 짐을 또 줄여 보자. 그래서 노트북 컴퓨터도 놔두고 가야겠다.

가방도 작은 것으로 바꿔야 하겠다. 그러나 선크림과 안약은 챙겨야 하겠구나. 이럭저럭 준비하니 벌써 9시가 되었다. 10시까지 인천공항에 모이기로 했으니 시간은 지켜야 한다.

공항에 도착하니 반가운 얼굴들이 우리를 반긴다. 최고의 맏형이자 고문을 맡고 계신 송태화 회장, 독립운동사 연구 특히 대한군정서(북로군정서라고도 칭함) 총재인 백포 서일의 연구로 학위를 취득한 정길영 박사, 박성신 이사장, 박종민군, 금번 답사에 많은 분들을 참여시키는 데 공이 많은 신영태 원장, 신규도 군, 이윤수 원장과 이번 답사 준비에 수고 많은 최경주 간사, 작년에 이어 금년에도 답사의 해설을 맡아 수고해 주실 임찬경 박사, 이렇게 많은 사람들이 서로 반겨 주니 1년 만에 헤어진 이산가족이 만나는 장면 같았다.

준비해 간 물티슈를 21명 모두에게 나누어 주니 짐이 한층 홀가분했다. 짐을 부치고 출국심사를 마치니 식구들이 면세점으로 몰려간다. 화장품을 산다. 향수를 산다. 지갑도 산다. 여행의 즐거움 중 쇼핑의 즐거움도 꽤나 비중을 차지할 것이다.

인천공항이 꽤나 복잡하다. 처음 개장 시에는 너무 크게 지었다고 하더니 지금은 모자라 제2청사를 지어 거기로 가려면 내부 셔틀 트레인을 이용해야만 했다.

제 시간에 중국 남방항공 비행기에 몸을 싣고 하늘로 뛰어 올라 심양으로 향한다. 비행시간은 1시간 30분 소요되지만 국가 표준시간이 한 시간 차이가 남으로 현지시간으로 1시 15분에 심양공항에 도착하였다.

서간도의 거리는 너무 짧구나. 1시간 30분이라니. 마음의 거리만 멀었을 뿐, 그 오고픈 열망의 도가 작았을 뿐, 찰나의 시간에 그 차이를 극복하였다. 문명의 이기는 축지법을 써서 시간을 아껴주고 생활을 편리하게 해준다. 일제강점기 석주 이상룡과 백하 김대락의 가족들은 두 달 정도의 시간을 투자해 온 길을, 우리는 그 짧은 시간에 자유로이 올 수 있었다. 모두 그분들이 남긴 숭고한 희생의 혜택은 아닐른지. 새삼 감사의 마음이 새겨진다.

심양공항은 장춘이나 하얼빈 공항보다 훨씬 커 보였다. 요녕성의 성도로서 서간도의 중심지다웠다. 요녕성 심양의 하늘은 해맑은 모습으로 웃으며 우리를 반겨 주었다. 그 하늘은 한반도의 서울의 하늘과 별반 다르지 않았다.

여기가 바로 발해의 후손인 금과 후금(청나라)의 본거지, 그 이전에는 발해와 고구려, 부여와 고조선 우리의 조상들이 홍익인간의 이념을 이 세상에 펼치어 제세이화하기 위해 세상을 호령하던 그 중심지란 말인가!

물리적 영토는 아닐지라도 정신적 영토는 아직도 우리의 가슴과 머리속에 남아 있으려니 그 정신 잊지 않고 모든 국민들 기억하리라. 꼭 그렇게 이루어지리라.

이제 타임머신을 타고 과거로 시간여행을 해보자.

입국심사를 마치고 전세 버스에 올라 경학사와 신흥무관학교, 서로군정서의 본거지가 있던 길림성 유하현 삼원보로 향해했다. 작년에 북간도의 역사 기행을 하면서 느낀 점이지만 서간도 역시 광활한 대지의 숨기운이 느껴오는 것은, 산으로 둘러 쌓인 협곡의 땅에서 느껴 보지 못한 진정한 호연지기이리라.

국학연구소 일행의 서간도 지역의 역사유적의 답사이지만 신영태 이사가 소개하여 처음으로 같이 동행하게 된 8명이 있어 아직 서먹서먹한 분위기이다. 이럴 때 얼른 누구든지 마이크를 잡고 서먹서먹한 분위기를 떨쳐내는 아이스브레이크가 필요한 것이다.

할 수 없이 내가 마이크를 잡았다. 먼저 나의 소개를 하고 금번 답사의 준비에 애써 준 최경주 이사의 인사말을 듣고, 박성신 이사장의 말씀이 있었다. 다음은 금번 답사의 해설을 맡아줄 임찬경 박사의 일정을 듣고, 지금 가고 있는 경학사와 신흥무관학교, 서로군정서에 대하여 내가 설명을 하였다.

신흥무관학교는 이회영ㆍ이시영 등 6형제(건영ㆍ석영ㆍ철영ㆍ회영ㆍ시영ㆍ호영)가 가산을 정리하여 가솔 50여명과 함께 이곳 유하현 삼원보로 망명하여 세운 군사학교이다. 이회영 일가는 당시 돈으로 40만 원의 거금을 갖고 만주로 망명하게 된다.(40만 원은 지금의 돈으로 환산하면 최소 600억 원에서 많게는 2~3조 원에 이른다고 한다. 당시 쌀 한 섬이 3원이었으니 계산해보면 될 것이나, 당시의 경제 상황이나 물가 수준에 따라 그 가치 평가는 달라질 수 있다)

설명 보조자료로 《더 코리아 타임즈(THE KOREA TIMES)》 2015. 2. 3.(화) 5면에 게재된 이종걸 의원(이회영 선생의 손자)의 인터뷰 기사 칼라 복사본을 나누어 주었다. 거기에는 6형제가 망명 전 같이 회의하는 장면이 담긴 유화그림도 들어 있고 이회영의 흑백사진과 신흥무관학교 학생들의 농사짓는 장면의 사진도 들어 있다. 이회영 일가는 영의정을 지낸 이항복의 후손으로 노블레스 오블리주를 실천한 구한말의 대표적 명문 귀족의 가문이었다.(그러나 해방 후 생존하여 귀국길에 오른 사람은 상해 임시정부에서 활동하던 초대 정부에서 부통령을 지낸 성재 이시영 한 사람뿐이었다)

최근에 인기를 끈 최동훈 감독의 영화 〈암살〉의 주인공들이 바로 신흥무관학교와 관련이 깊다. 주인공 전지현(안옥윤 역)은 지청천(이청천) 장군이 이끄는 서로군정서의 3지대 저격수로 나온다. 실제 인물인지는 밝혀지지 않고 있다. 그러나 백범 김구와 함께 의열단을 이끈 약산 김원봉 단장은 김산(장지락)과 함께 신흥무관학교를 졸업한 실제 인물이다. 영화에서 속사포역으로 나오는 조진웅은 기회 있을 때마다 이렇게 말하곤 한다. "나 신흥무관학교 출신이야"

신흥무관학교는 1911년부터 1920년 폐교될 때까지 2천 명의 졸업생을 배출하여 만주지역의 독립군과 향후 광복군의 근간이 되었다.

내친 김에 북간도의 독립단체와의 연관성 즉 대종교인이 중심이 되어 조직되어 청산리 전투를 승리로 이끈 대한군정서(일명 북로군정서, 총재 서일, 부총재 현천묵, 사령관 김좌진, 연성대장 이범석 등이 있었다), 그리고 봉오동 전투를 승리로 이끈 백두산 호랑이 홍범도가 이끄는 대한독립군 등, 향후 독립군 통합단체인 대한독립군단(총재 서일, 부총재 홍범도)에 이르기까지 독립군 활동의 전반에 대하여 설명을 하였다.

그리고 2대 항일 전투(청산리, 봉오동전투)와 3대 참변(4월 연해주 신한촌 참변, 봉오동과 청산리 전투 이후의 경신참변, 사할린 자유시에서 일어난 소련공산당에 의한 독립군의 무장해제 과정에 일어난 자유시 참변-흑하사변이라고도 함)에 대하여도 설명을 덧붙였다.

마지막으로 백포 서일의 연구로 박사학위를 받은 정길영 박사가 독립군 활동에 대한 내용을 첨언하였다.

독립군 활동지역에 왔으니 독립군가를 부르지 않을 수 없다. 미리 준비해 온 '독립군가', '신흥무관학교교가', '광야를 달리는 독립군', '압록강 행진곡' 등 네 곡을 나눠 주고 내가 선창하며 같이 따라 불렀다. 특히 독립군가는 이성민님이 조부와 부친으로부터 배웠다면서 부르는 데, 그 곡조가 참으로 독립군이 부르는 분위기여서 순간 숙연해지기도 하였다.

신흥무관학교 교가는 나도숙 님(필자의 內子)이 집에서 열심히 피아노 치면서 연습하더니 잘도 부르는데 그 곡조가 독립군가와 똑같아 따라 부르기는 비교적 쉬웠다. '광야를 달리는 독립군'은 곡조도 느리고 좀 서 글픈 생각이 많이 들어 부르기를 중간에 그만 두었다. '압록강 행진곡'은 내가 제일 자신 있게 부를 수 있는 곡이었다. 씩씩한 곡조의 노래로 높낮 이로 독립군의 사기를 드높이는 노래인데 모두 따라 부르기를 좋아하고 씩씩하게 불러 주었다. 특히 신흥무관학교 교가는 1920년 폐교 이래 95 년 만에 만주벌판에 울려 퍼지는 우리의 함성이리라. 송태화 고문은 매 일 아침마다 독립군가를 부르자고 제의하여 그렇게 하기로 하였다.

어느덧 첫 번째 답사지인 경학사 터에 도착하였다. 1911년 4월 류하 현 삼원보 고산자 지역에 있는 대고산 아래 노천에서 300여 명이 모여 군중대회를 열고 경학사 창립대회를 개최하여 이동녕 선생을 임시의장 으로 선출하고 사장에 이철영(이회영 선생의 형님), 부사장에 이상룡, 서무 에 김동삼과 이원일 등을 선출하여 출발하게 되었다.

당시 이회영, 이시영, 이동녕, 이상룡 선생 등은 창립대회에서 이렇게 외쳤을 것이다.

경애하는 이천만 단군의 자손 여러분!
민족의 독립을 쟁취하고자 정든 고향 버리고 수천 리를 달려온 여러분!
우리의 가슴에는 민족혼이 뛰고 있습니다.

지금도 우리의 선배들은

상해에서, 광동에서, 북경에서, 북만주에서, 노령에서,

가깝게는 환인현에서,

조국을 되찾겠다고 모든 재산 다 정리하여 모든 가솔들 다 데리고

황무지의 땅에서 우리의 희망을 보고자 합니다.

우리는 일하면서 싸워야 합니다.

우리는 배우면서 싸워야 합니다.

조국 독립의 그날까지, 조국광복의 그날까지

모두의 힘을 합쳐 몸과 마음을 다 바쳐 싸웁시다.

대고산의 모습.
(이 산 아래 평지에서 군중대회를 열고 경학사를 창립하는 모임을 갖고 주요 임원을 선출하였다)

경학사(耕學社)는 글자 그대로 농사도 지으면서 공부도 하는 단체로서, 조국의 독립을 최고의 목표로 삼아 농업을 장려하여 경제적 자립을 이루어 그를 기반으로 민족교육을 실시하고 독립운동단체를 지원하는 최초의 민단적인 항일운동단체이다. 1907년에 서울에서 비밀결사조직인 신민회가 조직되었다. 이어 1909년 봄 신민회 간부들이 양기탁의 집에 모여 국내에서의 항일운동 전개에 한계를 느끼고 제2의 독립운동기

지와 독립군을 양성하기위한 무관학교를 세우기로 결의를 한다. 그 결과 경학사 설립이 이루어짐과 동시에 교육기관으로 신흥강습소를 세웠다.

신흥은 새롭게 부흥한다는 의미인데, 신민회의 신으로 해석하는 이도 있다.

그러나 경학사는 1912~1913년의 흉작과 중국정부의 방해로 경작활동과 사람의 자유로운 왕래도 차단하는 등의 탄압으로 해산하게 되고 1914년 이회영과 이상룡 등이 조직한 부민단(扶民團)으로 이어져 그 사업이 계승되었다. 부민단은 글자 그대로 단군조선의 혈통을 이어받은 부여민족의 후예라는 의미이고 또한 그 지역이 범부여의 땅이므로 그렇게 명명하였다고 한다.

부민단 역시 3년 정도 그 명맥을 유지하였고 1919년 한족회로 개편되어 이 한족회가 서로군정서를 설립하고 신흥학교를 신흥무관학교로 개편하여 본격적인 독립군을 양성하는 중추적 기관이 된다.

신흥무관학교는 앞에서도 언급했듯이 1911년 6월 이회영, 이시영, 이동녕 등이 신민회의결의에 의하여 길림성 유하현 삼원보 고산자 지역에 설립한 신흥강습소로부터 유래한다. 초대 교장은 이동녕이 맡았다. 1912년 봄에는 혼강이 자연해자로 방어해 주는 통화현 합니하로 이동하여 강습소 규모를 확대하고 1913년 5월에는 학교 명칭을 신흥중학교로 바꾸고 중학반과 군사반을 두어 가르쳤다. 신흥학교 교관과 졸업생들은 1914년 백두산 서쪽 기슭에 백서농장을 만들고 농사를 지으면서 동시에 군사훈련도 하였다.

1919년 3.1운동 이후에는 일본군 출신이 탈출하여 지청천(이청천), 김경천(진짜 김일성) 등의 교관들이 동참하였다. 또한 상해 임시정부의 총리였던 이동휘 초대 내각의 국무령과, 노백린 군부총장의 군부령으로 젊은 이들의 독립군 지원을 독려한 결과, 국내외 각 지역에서 많은 지원자가 몰려옴에 따라 1919년 5월 다시 유하현 삼원보 고산자로 본부를 옮기고 학교명칭을 신흥무관학교로 바꾸었다. 기존의 합니하의 학교는 분교로 삼았으며 통화현 칠도구 쾌대무자에도 분교를 설치하여 운영하였다.

이회영과 이시영 형제

신흥무관학교는 1920년 7월 폐교될 때까지 2,000여 명의 졸업생을 배출하였으며 이후 봉오동 전투와 청산리 전투에도 합동작전을 개시하여 승리를 이끌었다.

신흥무관학교 출신 약산 김원봉은 1919년 의열단을 조직하여 임시정부의 김구의 비호 아래 일제 앞잡이들을 처형하였고, 이후에는 황포군관학교에 입학하여 조선의용대를 조직하고 광복군에 합류하여 국내 진격작전을 계획하였다. 해방 이후 노덕술의 고문에 실망하여 북으로 가서 북정권에서 참여하였으나 1958년 숙청당하였다. 김산(장지락, 장명)은 신흥무관학교를 졸업하고 중국공산당에 가입하여 활동하면서 중공과 일제 모두로부터 의심을 받고 제대로 된 활동을 하지 못하다가 1938년 처형되었다.

좌로부터 지청천(이청천), 김경천(일명 김일성), 김원봉

대고산 아래 고산자 지역을 둘러보고 통화현 합니하로 가야 하는데 벌써 오후 6시가 넘어 해가 넘어가고 있었다. 한국 시간으로는 7시이니 그럴 만도 했다. 할 수 없이 통화현 합니하의 신흥무관학교의 부지 터는 보지 못하고 통화시로 들어갔다. 그럼 내일 아침에 볼 수 있느냐고 하니 어렵다고 하여 못내 아쉬운 마음을 달래고 허기진 배를 채우러 식당으로 이동했다. 음식은 여행에서 제일 까다로운 일이다. 나의 경우는 식성이 좋아서 아무 음식이나 잘 먹지만 나이가 들어가니 조금씩 가리는 형편이다.

님 웨일즈(미국 여기자 스노우 헬렌의 필명)가 1937년 서안에서 김산이라는 인물을 만나 직접 인터뷰한 것을 기초로 하여 《아리랑의 노래(Song of

일본 경찰이 무서워 한 의열단 단원의 사진

Arirang)》라는 글을 남긴다. 그 주인공 김산이 바로 장지락이다. 두 사람 다 공산당에 가입하여 활동하였지만 상해임시정부의 초대 국무원 총리였던 이동휘의 상해 고려공산당처럼 조국의 독립을 위해 취한 하나의 방편으로서 당시의 시대조류라고 보아야 할 것이다.

시장이 반찬이라 9시 넘어 저녁을 먹으니 너나 할 것 없이 침묵을 지키며 다른 사람들의 눈치도 보지 않고 식사를 하는 모습은 마치 허기진 독립군이 전쟁을 마치고 돌아와 피골상접을 면하려는 생존의 몸부림처럼 보인다. 더군다나 신영태 이사가 면세점에서 사온 곡차(소주)와 박이사장님의 특별 고량주를 반주 삼아 몇 순배 돌아가니 언제 그랬냐는 듯이 얼굴에는 홍조가 띠고 만면에 웃음이 가득하였다. 역시 인간의 본능은 어느 것 앞에서도 이길 수 없는 것인가? 그러나 견뎌야 한다. 정신적으로 강해져야 한다. 현실에 너무 타협해서는 안 된다. 정의를 위해 현실을 부정하고 미래를 위해 자아비판도 해야 하고 육체적 고통도 참아내야 한다.

21명이 네 군데로 갈라 앉으니 같이 모두 대화할 상황이 안 되었다.

식사 후 방에서 휴식을 취하려는데 임박사가 집합하잔다. 호텔 한켠에 좌담회가 벌어졌다. 내일 비가 오는 것을 막기 위한 의식을 하잔다.

맥주를 마시면서 말려줘야 내일의 날씨가 맑단다. 우스개의 농담이지만 즐거운 일에는 논리가 필요 없는 법이다. 무조건 말리면 된다.(실제로 다음날 집안현에서 너무 날씨가 좋아 뜨거워서 혼났다) 칭다오 맥주를 음미하며 이야기꽃을 피우니 벌써 자정이 넘었다. 내일을 위해 이제 찰나의 수면이라도 취해보자. 내일을 위한 준비의 시간은 침묵과 함께하는 시간이리라.

둘째 날 | 4348(2015) 8. 13(목)

통화시의 날이 밝았다. 아침에 일어나니 상쾌한 느낌이 든다. 서울의 공기보다는 훨씬 좋아 보인다. 주위에 공장이 거의 보이지 않는다. 아침 부페를 먹고 계란 몇 개를 간식용으로 들고 나왔다. 왜냐하면 어제 너무 배고팠기 때문이다.

통화시에도 혼강의 상류가 흘러 이 강이 환인현으로 흘러들어 졸본천의 강줄기가 됨을 알 수 있다.

이제 고구려의 제2의 도읍지 집안현으로 떠나 보자. 가는 길에도 논밭이 길게 펼쳐진다. 가이드의 설명에 의하면 통화현 이 지역의 쌀이 좋아 청나라 궁중의 진상미로 바쳐졌다고 한다. 그러고 보니 어제 저녁의 쌀밥 맛이 괜찮아 보였던 것 같다. 그리고 여기 통화현, 집안현, 환인현 지역이 전국 포도의 40%를 재배하고 제일 큰 와인회사가 있다고 한다.

어제 저녁 장소 관계와 시간 관계로 하지 못한 자기소개 시간을 가졌다. 나온 김에 노래 한 자리씩, 노래 못한 사람들은 춤이라도 추고. 이렇게 한바탕 차 안에서나마 어우러지니 모두 하나가 되었다.

휴게소에서 한바탕의 스포츠 댄스파티가 즉석에서 벌어지는데 정길영 박사께서 옛가락을 틀어 놓고 가락에 맞춰 율동을 추면서 흥겨운 스포츠 댄스를 선보인다. 모두들 따라 하지만 어색하기만 하다. 그래도 어린 애처럼 즐겁기만 하다.

통화현에서 집안현 국내성으로 들어가는 길은 지금까지의 길과는 달리 산세가 험하여 외적이 침입하기 어려운 요새임을 금방 알 수 있었다.

북간도와 서간도의 모든 만주대륙이 넓은 벌판을 이루고 있는 모습과는 사뭇 다른 지형의 모습을 보이고 있다. 산골짜기 양쪽으로 늘어선 산봉우리들은 처음에는 매우 경계하듯 우리를 빤히 쳐다보더니 이내 후예임을 알아차리고 우리를 보고 반갑다고 인사를 한다. 우리도 존경의 답례를 올린다. 그 옛적 찬란한 고구려 시대에는 수문장의 역할을 하면서 국내성으로 가는 입구를 튼튼히 지키는 충성스런 자연의 장군들이 아니겠는가.

마지막 고개를 넘어서니 집안현이 우리를 반긴다. 여기저기 고분군이 벌떡벌떡 일어나 후손들의 인사를 받는다.

벌써 고구려의 제2의 도읍지 국내성에 들어와 있음은 보존되어 있는 성곽을 보고 알 수가 있었다. 국내성의 동문 표지판이 제일 먼저 눈에 띈다. 국내성 터 안쪽에는 아파트와 집들이 들어서 있어 구체적 궁궐터가 아직 복원이 되어 있지 않고 세계문화유산으로 지정된 후 성곽 주변의 집터를 정리하여 성곽을 복원한 것은 그나마 다행이라고 하겠다. 지금도 조금씩 성터 안의 집들을 외곽으로 이전하는 작업이 진행되고 있지만 보상금이 만만치 않아 예산이 많이 소요될 것으로 보아 완전 이전까지는 몇십 년이 걸릴 것으로 보인다. 왕궁터임에 아랑곳없이 집을 짓고 사는 지금의 사람들의 모습을 보니, 문득 고구려의 흔적을 지우려 하는 것은 아닌지 하는 의구심도 지울 수 없다.

조선인이 경영하는 아리랑 식당에서 점심을 후르르 먹고 국내성의 전반적인 상황을 이해하기 위하여 먼저 집안박물관부터 찾아갔다.

집안박물관은 최근에 개장을 하였는데 유네스코 세계유산으로 지정된 후 유물 복원사업과 보존사업을 대대적으로 펼치고 박물관도 새로

지어 확대 개장하였다고 한다.

　박물관 내부에는 사진촬영을 금하여 눈과 머리를 최대한 활용하였으나, 그 또한 한계가 있어 내용을 담아오기는 어려웠다. 한마디로 중국은 실질적으로 현재 이 지역을 지배하고 있으므로 이 지역이 그 옛날 찬란했던 대한민국의 영토라고는 하지 않을 것은 당연하다. 그들은 고구려 역사를 중국의 변방에 있는 정권 정도로 의미를 부여하고 있었다.

집안박물관(유네스코 세계문화유산으로 등재된 후 신 건물로 재개관하였다)

　그러나 분명히 광개토대왕비에 "고주몽은 북부여에서 왔고 천제의 아들이며 홀본성에 도읍하였다. 어머니는 부여신인 유화부인이며, 주몽은 고등신을 이름이다"라고 하였다.

　북부여 | 고구려를 세운 고주몽(비석에는 고추모라 표현)은 북부여에서 왔다고 광개토 대왕비에 분명히 기록되어 있는 것으로 보아 고구려에 있어서 북부여의 의미는 매우 크다고 볼 수 있다. 왜 고구려의 시조가 북

부여에서 왔다고 얘기할 수밖에 없었을까. 북부여가 가지는 중요성이 그만큼 크다는 뜻일 것이다. 결국 북부여는 단군조선과 고구려의 연결고리를 형성하는 중요한 위치를 차지하고 있는 것이다.

단군조선 말 대단군의 통치권이 약화되고 부단군과 지방세력이 힘이 강해지게 되자 해모수는 웅심산(길림성 서란지역)에 북부여를 건국하게 된다. 그 후 아사달을 점령하고 단군으로 추대됨으로써 고조선을 계승한 북부여의 역사가 시작되게 된다.

그런데 해모수 단군은 고구려의 시조인 고주몽의 고조할아버지가 된다. 왜냐하면 광개토대왕 비문에 '환지 17세손'이라고 새겨져 있는데 광개토 대왕은 주몽성제로부터 13세 손이지만 해모수 단군으로부터 보면 17세 손이기 때문입니다. 결국 북부여는 고구려의 시조가 된다는 뜻이다.

한편 번조선과 막조선에도 크 변화가 일어났는데 번조선은 전국시대의 혼란을 피해 넘어온 난민들로 혼란이 일고 있었는데 그 중에 연나라 사람 위만이 있었습니다. 위만은 한나라로부터 숙청당할 처지에 이르자 조선인으로 변장한 뒤 부하 1천명과 번조선 준왕에게 투항하였습니다. 해모수는 위만을 받아 주지 말라고 만류하였으나 해모수가 세상을 떠나자 준왕은 위만을 서쪽 변방의 상하운장을 지키는 장수로 임명하였습니다. 그런데 위만은 세력을 길러 준왕을 내쫓고 스스로 왕이 되어 위만조선인 위만정권이 탄생하게 된 것이다.

한편 북부여는 4세 고우루 단군에 이르러 큰 전환점을 맞게 되는데 한무제의 침공을 받게 된다. 한무제는 우거왕이 다스리고 있던 위만정권을 침입하여 왕검성을 함락시키고 여세를 몰아 북부여까지 침공하였다. 이때 의병을 일으켜 한나라 군대를 물리친 이가 바로 고두막한이다. 고두막한은 졸본에서 나라를 열고 졸본부여라 칭하였으며 스스로 동명왕으로 일컬으며 왕위에 올랐다. 그 후 4세 고우루 단군으로부터 양위를 받아 북부여 5세 단군 고두막 단군으로 즉위하였다. 이후 고두막 단군의 아들 6세 고무서 단군에 이르러 북부여의 역사를 끝내고 고구려로 계승되게 된다. (한편 동부여는 4세 단군 고우루 이후 5세 고두막 단군과는 별도로 해부루가 동부여를 지칭하고 스스로 왕위에 올랐으며 2대 금와왕에 이어 3대 대소에 이르러 역사 속으로 사라지게 된다.)

위에서 언급했듯이 고주몽은 북부여의 시조인 해모수의 고손으로서 해모수의 둘째 아들 고진의 손자인 불리지의 아들이다. 혈통에서 정통성이 결여된 고두막한을 따라가지 않는 정통 혈계가 동부여를 세우자 거기에 합류한 것으로 보이며 이후 불리지와 유화 부인의 아들로서 해부루의 아들인 금와와의 정쟁을 피하여 남쪽으로 내려와서 졸본부여와의 통합을 통하여 고구려를 탄생시킨 것으로 보인다.

환도산성으로 향했다. 국내성이 평지성이라면 환도성은 산성이다. 고구려는 항상 평지성과 산성을 두는 체계를 갖추었다. 평시에는 평지성에서 살고 전쟁이 일어난 경우는 산성으로 가서 수성하며 국가보위를 지켰다.

환도산성 남쪽 성벽의 모습.
동북서는 험준한 산으로 둘러싸여 있어 성벽을 쌓는 수고를 덜 수 있었다

환도산성 표지석 앞에 선 필자

국내성에서 서북면에 위치한 환도산성에 다다르니 입구는 남문이요 동 · 서 · 북면은 험준한 환도산으로 둘러쌓여 있어 포란(抱卵) 형태의 아늑함마저 들었다. 동 · 서 · 북면은 깎아지른 듯한 산세로 외적의 침입이 어려웠다. 따라서 남문만 막으면 튼튼한 요새의 역할을 하였다. 또한 남문 앞에는 통구하가 동에서 서로 흐르면서 자연 해자의 역할을 해 주어 천해의 요새로서의 최적지임을 알 수 있었다. 환도산성 중앙에 말에게 물을 먹이던 '음마지(飮馬池)'가 있어 물 걱정이 없는 곳이다. 안쪽 평평한 곳에 궁궐을 지었던 궁궐터가 있다.

실제로 외적(한나라) 침입 시 환도산성을 둘러싸고 지구전(持久戰)을 펼치던 적군의 장수에게 음마지에서 포획한 잉어를 잡아 좋은 술과 글을 써서 보내니 적의 장수가 깜짝 놀라 생각하기를 잉어를 키울 정도이면 오래 견딜 수 있다고 판단하고 장기전을 포기하고 퇴각했다는 '잉어병퇴'의 전설이 서린 곳이라고 한다.

약간 위쪽으로 올라가니 요망대(遼望臺, 원래는 점장대) 터가 있는데 지금은 그 석대가 많이 무너져 있었다. 원래는 매우 높은 위치로 동서북의 산봉우리를 관망하면서 군을 지휘하던 총지휘소의 역할을 담당하였다. 요망루에서 단체사진을 찍고 내려와 다시 한 번 환도산성 표지판에서 기념사진을 찍는다. 바로 저편에서는 오이와 옥수수를 파는 중국 여인네의 소박한 표정에서 옛날 우리나라 시골의 그 시절이 생각나기도 한다.

찾아 볼 곳이 너무 많았다. 서둘렀다. 우리의 애마(버스)를 달리어 집안현으로 내려왔다. 그곳에는 동북아를 호령하던 구구려의 흔적이 널려 있었다. 황하강의 태원 지역까지 그 세력을 펼쳐 중원 지역까지 그 영향력 아래에 두었던 거대 제국 고구려! 그 흔적들을 보여주는 광개토대왕의 호태왕비와 태왕릉, 그리고 장군총 등등. 먼저 오회분묘 5호분을 찾아서 사천무를 만나 보자.

이 분묘는 우리가 학교 시절 국사 책에서 많이 보았던 그 고분이다. 동서남북 사방에 청룡, 백호, 주작, 현무의 그림이 있고 천정 중앙에는 그 사천무의 꼬리가 서로 얽혀 영원히 떨어지지 않는 연결의 고리가 이승과 저승에서도 같이하는 사천무의 통합된 상징성을 보여 준다. 그 외에도 삼족오, 수두인체, 해와 달을 상징하는 새 등의 벽화가 죽은 이가 추구했던 삶을 함축적으로 그림으로 표시하고 있었다. 귀족의 무덤이라고 하나 혹시 왕의 무덤일지도 모르겠다.

5회분 고분 천정에는 사천무의 꼬리들이 서로 얽혀 있는 그림으로 사방의 사천무가 하늘에서는 하나가 된다.

이제 호태왕비를 보기 위해 이동했다. 이 비는 414년 고구려 제19대 광개토 대왕의 업적을 기념하기 위해 아들 장수왕이 세운 비석이다. 사면에 비문이 새겨져 있는데 높이 6.39m, 너비 1.35~2m에 달하는 한국

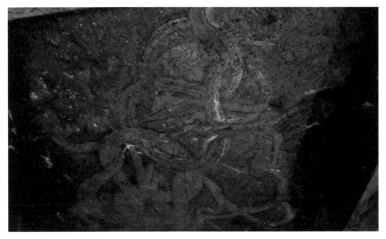

5회분 고분의 천정 모습.(사신도의 꼬리가 서로 엉켜있어
동서남북이 하늘에서 서로 합쳐져 연결되어 있음을 나타내고 있다)

최대의 비석이다. 호태왕비는 보존을 위해 사면을 특수 유리로 막은 전
각을 지어 보호하고 있었다.

그 높이가 보통 사람 키의 4배는 되어 보이고 그 무게는 수십 톤은 될
듯하다. 어떻게 그 무거운 돌을 그 당시의 운반 수단으로 옮겼을까를 생
각하면 경이로운 생각이 든다. 문득 감개무량함에 시심이 떠올랐다.

> 호태왕비 올려 보니 하늘에 닿았구나
> 고구려는 북부여 천제의 후손이라
> 세상 나라 평정하고 나라 강토 드넓히니
> 한민족의 영웅일세 국강상광개토경평안호태왕
> 웅장하다 태왕릉 죽어서도 호령하네
> 선대 이은 장수왕 남진정책 펼치고자
> 평양으로 천도하나 사후에는 돌아왔네.

이 비는 장수왕 시기에 광개토대왕의 치적을 기리기 위하여 세웠는데

사면에 글자를 1,775자를 새겨 놓았다. 원석의 굴곡 면에 그대로 새겨
놓았기 때문에 울퉁불퉁한 모습을 하고 있었다. 그러나 탁본을 뜰 경우
에는 종이가 비의 면을 따라 탁본이 가능하므로 그 원문 내용을 그대로
탁본할 수 있다.

호태왕비 표지판 앞에 선 필자

　　호태왕비 앞에서 단체 사진을 찍고 200미터 떨어진 바로 옆 태왕릉
으로 발길을 옮긴다. 가는 길 울타리 너머로 아낙네들의 옥수수와 오이
를 파는 소리가 들렸다. 그 규모는 진정으로 여태까지 본 능 가운데 제일
컸다. 지금은 능이 많이 훼손되어 본래의 모습을 보기는 어렵지만 본래
는 장군총처럼 석단을 쌓아 올려 만든 무덤으로 추정이 된다. 세월이 흐
르고 흘러 먼지가 쌓여 흙이 생기고 거기에 나무와 풀이 자라 마치 봉분
묘처럼 보이지만 능을 지탱하는 호분석이 있는 것으로 보아 장군총처럼
기단계단식 석실적석총임에 틀림없었다. 옛적에는 태왕릉 주위에 집이

호태왕비. 자연 풍화를 막기 위해 비각을 설치하여
보호하고 있다

많이 있었으나 유네스코 세계문화유산 지정 이후에 이전을 시켜 복원해
놓은 상태라고 한다.

불경스럽게도 상층부로 오르는 계단을 타고 위에까지 올라가 보니 석
실과 석곽이 있고 관대가 두 개 놓여 있는데, 그것이 본래의 것인지 최근
에 만든 것인지는 잘 모르겠다.

호태왕릉(광개토대왕릉으로 추정)

　태왕릉의 정상부에 오르니 집안현과 국내성이 한눈에 내려다보였다. 저 멀리는 압록강 너머에 북한의 산야가 뚜렷이 보인다. 저기가 바로 북한 동포가 사는 땅이구나 생각하니 다시 마음이 뭉클해졌다. 별반 다르지 않는 익숙한 산세가 친근감이 느껴지건만 왜 이리 마음의 거리는 멀기만 하단 말인가.

장군총(장수왕릉으로 추정, 혹자는 동명왕릉으로 추정한다)

장군총으로 자리를 옮겼다. 장군총은 본래의 모습을 되찾기 전에는 태왕릉 봉분묘처럼 흙이 덮여 나무와 풀이 자라고 있었다고 한다. 그 모습의 사진이 박물관에 나와 있었다. 남진정책으로 평양으로 수도를 이전하였지만 붕어한 후에는 이 곳에 와서 다시 묻힌 장수왕의 능으로 추정하고 있다.

모두루 묘지는 공개하지 않고 있어 지역만 확인하고 지나쳐 간다.

조금 지나니 아! 압록강이 보인다. 압록강은 고구려에게는 주강이지만 이후에는 만주와 한반도를 가르는 분단의 강이 되었다. 오리가 헤엄치며 노니는 푸른 물의 압록이건만 며칠 전 비가 와서인지 압록강의 물이 황토색이다.

그래도 압록강 물에 손을 적셔 보자. 이 물의 원천은 백두산이리라. 음수사원, 물을 마시면서 그 근원을 생각함은 자연의 이치라. 이 물은 단군 할아버지의 물, 고구려의 물, 만주의 물, 좌익의 물, 우익의 물, 북한의 물, 서해 바다로 흘러 인천 앞바다까지 간다.

보트를 타고 압록강의 물 위를 내달렸다. 저기 북한의 땅이 보인다. 예

집안 쪽의 압록강변. 이 건너편이 북한 남포 지역이다

전에는 마음대로 갈 수 있는 곳이었건만 꼬마들이 벌거벗고 스스럼없이 수영을 즐긴다. 심지어는 어른도. 퇴근 후 집에 가기 전에 목욕을 한단다. 아낙네들은 빨래를 하기도 하고 옹기에 물을 이어 가기도 한다. 사진을 찍지 못하게 했다. 북한 사람들은 외부인이 사진 찍는 걸 싫어한단다.

북한병사는 비스듬히 총을 차고 우리를 연신 쳐다보며 경계를 한다. 그러나 저쪽 초소에는 지키는 병사가 보이지 않았다. 아주 오래된 승용차 한 대가 도로를 달린다. 자전거를 타고 가는 여인도 보인다. 평화롭게 보이는 저곳이 우리가 동포가 사는 곳이건만 서로 왕래를 하지 못하고 갇혀 사는 모습에 다시 안타까운 마음이 몰려들었다.

압록하 표지와 북한 산천을 배경으로 사진을 찍고 착잡한 마음을 안고 집안현으로 돌아왔다.

저녁에도 아리랑 식당에서 식사를 하면서 내일 비가 오지 않도록 건배로 계속 말리자고 한다. 국내성 남동쪽 성벽 앞에 있는 홍콩성 홀리데이호텔에서 국내성의 밤을 또다시 보냈다.

압록강 표지석 앞에서 집사람과 함께. 강 너머로 북한 땅이 보인다

아침의 국내성은 서기(瑞氣)가 서렸다. 기분도 너무 상쾌하다. 이렇게 좋은 곳이 있단 말인가. 식사 전 국내성을 한 바퀴 삥 돌아보았다. 삼정 솥 앞에서 성곽을 배경으로 기념사진을 찍고 집사람과 함께 남쪽 성벽부터 걸어서 둘러보았다.

필자의 뒤로 고구려 국내성의 성곽이 보인다
(성곽 안에는 아파트를 지어 주거지로 사용하고 있다)

남쪽 성벽 외곽에 시골 새벽장터가 와자지껄하다. 파는 사람, 사는 사람, 모두 무질서 속에 삶의 질서가 느껴진다. 모두가 다 즐겁다. 한 보따리씩 자연 음식과 과일을 사가지고 가는 모습은 매우 즐겁고 행복해 보인다. 각자 하는 행동이 어울려 전체의 조화를 이루는 형국이다.

우리도 60~70년대는 저랬는데. 저 순수함이 언제까지 갈까나. 이들의 평화로운 모습은 잘살고 못사는 차원을 넘어 시간을 초월하고 공간을 뛰어 넘어 고구려의 도읍지 국내성의 그 시절 백성들이 지금 이곳에

국내성 성곽의 문이 있던 곳을 표시하는 안내판

서 열심히 사는 모습으로 비추어진다. 이들은 과연 고구려의 후예일까? 그렇다면 그들은 그러한 의식이 있을까? 그들은 이미 중화족에 동화되지 않았을까? 별별 생각이 다 들었다.

성곽을 걸어보니 생각보다 국내성의 규모가 크다는 것을 느낀다. 남쪽으로는 압록강, 서쪽으로는 통구하가 자연 해자를 이루어 천혜의 요새를 이루고 있었다.

찬란한 역사의 본고장 국내성을 뒤로하고 아쉬움을 안은 채 제1의 도읍지 환인현으로 출발했다. 가까운 길은 저번 달에 한국인 공무원 연수단이 교통사고로 인하여 폐쇄되어 통화 방면으로 우회하여 좀 더 멀지만 안전한 길로 접어든다.

버스 안에서 처음으로 노래 경연대회가 펼쳐졌다. 노래방이 나온 뒤로 사람들은 노래가사를 끝까지 잘 기억하지 못한다. 그래서 노래를 시작하지만 끝까지 잘 부르는 경우는 독립군가 말고는 없었다. 오녀산성 가는 길에 벌써 점심시간이 되어 고려성이라는 식당에서 허기진 배를 채웠다. 오녀산성이 멀리 하늘 위에 걸려 있는 모습이 보인다. 반가운 마음에 사진 한 컷 담는다.

지금은 중국에서 오녀산성이라 부르지만 원래 이름은 흘승골산성(紇升骨山城)이라 불렀다. 입구 쪽 박물관을 거쳐 전용 버스를 타고 산성 입구에 도착하는데 그 길이 백두산 북파 쪽의 가파른 정도는 아니어도 백성들이 짐을 지고 피난 가기에는 꽤 힘들어 보이는 길이었다. 그 옛날 고구려 우리 조상들의 힘든 피난 행이 눈에 선하게 다가온다. 그래서 고구려 2대 황제 유리왕은 백성들

오녀산성(흘승골성) 표지석 앞에서

의 고통을 덜어 주고자 집안현으로 천도하였을까?

이제 죽기 살기로 오녀산성을 올라갈 차례다.

오녀산성은 대체로 직사각형 모양으로, 압록강(鴨綠江)의 지류로 비류수(沸流水)로 비정되는 혼강(渾江) 유역에 위치하고 있다.

이 성의 서문까지 오르는 계단은 전부 999계단으로 직선으로 이루어져 있으며 후세에 인위적으로 만든 것이고, 원래는 마차가 다닐 수 있는 지그재그식의 18반(盤) 도로가 지금도 남아 있어 올라가기 힘들어 하는 사람들은 이 길을 이용하고 있다.(18반은 정상까지 가는 길이 18번 구부러진다는 의미에서 그렇게 부른다)

오녀산성(흘승골산성)은 적이 침입하기 어려운 악산의 꼭대기에 위치해 있다

서문에 도착하여 운해송도(雲海松濤)라는 비 앞에서 기념촬영을 하고 저 멀리 아스라이 내려다보이는 환인 시내를 사진 촬영하였다.

이제 남문으로 향해 보자. 남문으로 가는 길에 동문이 보인다. 동문의 아래 위쪽에 지금도 그대로 남아 있는 성곽이 옛적의 영광을 보여 준다. 지나가는 곳곳에 지휘소와 초소의 건물이 있던 터가 보인다. 주춧돌 위에 지은 집도 있지만 온돌 형태의 주거 터도 보인다. 주춧돌 위에 지은 집은 거주 위주가 아닌 주로 지휘소 등 사무실의 건물 형태로 보이며 온돌의 집터는 기거하며 생활하기 위한 집의 형태로 보였다. 온돌의 주거 형태는 농업을 기반으로 한 정착형 생활 양식을 보여 주며 이는 한반도의 주거 형태와 동일하다. 원래의 한족처럼 목축업을 주로 영위하는 이동식 주거 형태인 침대문화와 구별된다 하겠다.

남쪽으로 바라본 환인현은 좀 더 선명히 우리 앞에 다가온다. 안개 낀 날이 많아 대부분 환인현의 모습을 보기 어렵다고 하는데 오늘도 작년의 백두산 천지를 본 것처럼 동명성왕께서 우리에게 좋은 날씨를 선사하셨나 보다.

환인현을 구비구비 가로질러 흘러가는 혼강(渾江)은 마치 태극 모양을 이루며 흘러가고 있었다.(혼강은 고주몽 동명성왕께서 여기에 처음 당도했을 당시 그 이름을 비류수 또는 졸본천이라 하였다)

이 태극의 원리가 서린 비류수를 보고, 동명성왕께서 가히 도읍을 정할 길지임에 틀림없다는 생각을 하였을 것이다.(이 혼강은 신흥무관학교가 있던 통화 합니하로부터 흘러내려 환인을 지나 압록강과 합류한다)

산성에는 반드시 물이 있어야 한다. 오녀산성에는 환도산성과 마찬가지로 천지(백두산의 천지와 동일한 글자이다)라고 하는 축수지가 있었다. 길이 12미터, 넓이 5미터로 상당히 작아 보이나 돌산 위에 이러한 우물이 있다는 것은 매우 놀라운 일이다.

점장대(點將臺)에서 바라본 환룡호(桓龍湖)는 댐의 건설로 규모가 어머어마하게 커졌다.(이 댐의 건설로 독립지사들이 만주에 이주하여 주로 정착한 황도촌 일부가 물에 잠겼다고 한다. 제천 지역에서 활동하여 기세를 떨치던 의암 유인석 의병장도 가솔과 의병들을 이끌고 이 곳 황도촌에 정착하며 농사도 짓고 독립운동을 도모하였다고 한다) 환룡호는 글자 그대로 마치 용의 모양처럼 강의 물길을 힘차게 휘어 감으며 흐르는 모양을 하고 있다.

천지라고 명명한 오녀산성 위의 큰 우물

동문을 지나 남문으로 내려오는 곳곳에 산성을 쌓고 치(雉)를 만들어 경비를 서는 초소의 흔적이 남아 있다. 쌓여진 산성의 돌 사이사이에서 우리 조상의 숨결이 느껴진다.

점심을 먹고 환인 시내 동창학교(東昌學校)가 있던 곳을 찾아가기로 했다.

동창학교는 대종교(大倧敎) 3세 교주였던 단애 윤세복이 세운 대종교 계 민족학교였다. 윤세복은 형 윤세용과 함께 밀양의 가산을 정리하여 그 자금으로 이 곳 환인현에 동창학교를 세우게 된다. 동창의 의미는 동 방의 나라, 동국의 나라인 우리나라의 무궁한 번창을 기원하는 의미가 담겨 있다고 한다.

동창학교 본교 터는 지금은 흔적이 없고 수산물 시장과 사무실 빌딩 이 들어서 있었다. 그 빌딩에는 환인농부산(桓仁農副産)과 환인조선민족 문화활동중심(桓仁朝鮮民族文化活動中心)이 들어서 있었다. 이곳 환인지역 조선족의 생활문화를 연구, 보존하는 활동을 하고 있는 바람직한 모습이 보인다.

옛 동창학교 자리에는 농수산물 시장의 건물이 들어서 있다

동창학교 | 동창학교는 단애 윤세복이 환인현에 설립한 민족사상을 가르치기 위하여 설립한 학교이다. 윤세복은 1881년 3월 29일 경남 밀양군 부북면 무연리 내일동 318번지에서 태어나 22세까지 한학을 수학하고 6년 동안 고향 밀양읍에 있는 신창 소학교와 대구에 있는 협성 중학교에서 교사로 재직하면서 교육활동에 종사하였다. 민족활동은 1909년 비밀청년운동 단체인 '대동청년단'에 가입하면서 본격화 되는데, 17세부터 30세 까지의 청소년 80여 명으로 조직된 완벽한 비밀 조직이었다. 그 명단에는 김동삼, 신채호, 안희제, 이원식, 이극로, 신백우, 신성모, 신팔균, 김사용 등의 이름이 보이는 것으로 보아 이 때부터 신채호, 안희제 등과도 교분이 시작된 것으로 보인다. 윤세복은 대종교의 교주인 홍암 나철을 만나면서 전환점을 맞는다. 1909년 12월 23, 25, 27일 사흘 밤을 나철과 지내면서 역사와 대종교와 시국에 대한 교훈을 듣고 나라는 비록 망하더라도 민족정신이 살아 있으면 망한 것이 아니라는 '국수망이도가존(國雖亡而道可存)'이라는 교훈을 받들고 대종교에 입교하였다. 그리고 나철로부터 단애라는 호와 세복이라는 이름을 받아 들고 본격적인 민족 대도의 길을 걷게 된다. 1911년 1월에 참교의 교질을 받고 시교사로 임명되어 서간도 지역의 포교를 담당하게 되어 만주 환인현으로 떠났다.

형 윤세용과 상의하여 고향의 가산을 정리하고 형과 함께 독립운동의 선봉에 앞장서게 된 것이다. 서간도의 장소를 동포들이 비교적 터를 잡고 살고 있는 회인현(후에 1914년 환인현으로 바뀜)으로 정하고 대종교 포교와 아울러 청소년들의 민족정신을 고취시킬 수 있는 학교를 설립키로 하고 그 이름을 '동창학교'로 지었다. 그 이름은 우리나라를 뜻하는 동방이 창성하게 빛나 우리나라의 무궁한 발전과 국권회복을 기약한다는 취지에서 정했다고 한다.

당시 동창학교 교장은 대동청년당에서 같이 활동하고 자신과 함께 망명한 이원식(또는 이동하라고도 함)이고 초기의 교사로는 김규찬, 김동석, 김진(김영숙, 주시경의 제자)등이었고 후에 박은식, 이극로, 신채호가 맡았다. 박은식과의 관계는 박은식이 1911년부터 망명하면서 망명초기 저술들은 전부 동창학교에서 교편을 잡고 기거하면서 이루어졌다. '동명왕실기', '몽배금태조', '명림답부전', '천개소문전', '대동고대사론', '발해태조 건국지' 등의 교열을 윤세복이 한 것으로 보아 두 사람 간의 밀접한 관계성을 알 수 있다. 신채호와는 1909년의 대동청년당 활동뿐만 아니라 1912년 연해주에서 결성한 광복회 조직과도 연관이 되어 있다. 당시 광복회의 회장은 윤세복, 부회장은 신채호, 총무는 이동휘가 맡았다.

박은식 | 1859년에 태어난 박은식은 근세 조선의 시류에 편승하여 어려서부터 주자학을 습득하고 유교에 심취한 인물이었다. 1989년에는 장지연이 창간한 《황성신문》의 주필로 애국 계몽운동에 나서고 독립협회에 가입하여 활동하기도 하였다. 1909년에는 《유교구신론》을 발표하며 장지연 등과 함께 정주학보다는 지행일치를 강조하는 양명학을 중심으로 하는가 하면 대동교를 창건하여 유교의 친일화를 획책하는 일제에 항거하였다. 이러한 민중계몽, 교육, 언론활동도 1910년 한일합방과 함께 막을 내린다. 그리고 대종교를 경험하면서 1911년 가을 만주 환인현으로의 망명은 박은식의 구국독립운동에 있어 새 전기를 맞이하게 된다. 박은식에 있어 망국의 충격은 실로 큰 것이었다. 일제의 강제에 의한 언론기관의 폐쇄와 서북학회의 해산은 그의 인생에 새로운 또 하나의 변화를 예고했던 것이다. 당시 "말 한마디 글자 한 자의 자유도 없으니 오로지 해외에 나가서 4천년 문헌을 모아 편찬하는 것이 우리 민족의 국혼을 유지하는 유일한 방법이다"라고 통탄하면서 망명길에 올랐다.

망명지 서간도 환인현의 동창학교에 기거하면서 박은식은 후일 대종교 3세 교주가 되는 윤세복의 전폭적인 후원 아래 상기의 역작들을 저술하게 된다. 이 글들의 대표적인 특징은 박은식이 이전에는 언급하지 못했던 고대사에 관한 것이 대부분이라는 점과 그 강역인식에 있어서도 만주를 중심으로 한 대륙사관적 시각이 구체화되고 있다는 점이다. 물론 이러한 영향은 박은식이 만주 환인현 대종교 시교당에서 생활하면서 단애 윤세복의 적극적인 도움으로 당시 대종교가 소장하고 있던 역사서를 접하면서 받은 것이다.

박은식이 대종교에 관여한 것은 1911년 만주 망명 직전으로 짐작된다. 그리고 2년 후인 1913년 참교의 교질을 받고 1914년 지교로, 1916년에는 상교로 승질된다. 1912년에는 상해로 건너가 거기서 활동하고 있던 예관 신규식(대종교 서도본사 총책임자)과 비밀단체인 동제사를 설립하고 신규식, 이상설, 조성환, 유동열 등 대종교 인물과 함께 교육기관 박달학원을 설립하기도 하였다. 1917년 7월에는 윤세복, 신규식, 조소앙, 신채호, 홍명희 등 14인의 이름으로 '대동단결선언'도 발표하였다. 1918년 11월에는 동제사의 소장층을 중심으로 동제사의 전위단체라 할 수 있는 '신한청년당'을 조직하기도 한다. 이후 1922년 9월 3일에는 중국 상해지역의 대종교 책임자라 할 수 있는 서2도본사 전리를 맡았다. 이때 박은식과 함께 서2도본사 선리부령을 맡은 사람이 우천 조완구이며 선강부령을 맡은 사람은 상교 김두봉이었다. 조완구는 경술국치 이전 국내에서 당시 박은식과 대동교를 창건하여 유교개혁운동에 앞장섰던 인물이었다. 그는 박은식보다 먼저 봉교하여 1910년 대종교 시교사로 임명되었으며 1916년 11월에는 총본사 부전리 자격으로 대종교 중광교조인 홍암 나철의 백두산 북쪽 청호에 유해를 봉장할 당시 주요 역할을 담당하기도 하였다. 또한 김두봉은 나철의 수제자이면서 주시경의 수제자이기도 했다. 그는 1916년 당시 대종교의 교주 나철이 구월산 봉심을 떠나 그해 음력 8월 15일 순명조천(대종교의 수행 방법인 삼법 중의 하나인 조식법의 경지에 이른 폐기법으로 목숨을 끊음)할 당시 수행했던 시자

6인 가운데 수석 시자였던 인물이다. 김두봉은 후일 한글 연구에도 상당한 열의와 능력을 보이며 조선어학회 활동에도 가담을 하였고 연안파 독립동맹을 이끌기도 한 인물이다.

시간이 어중간하여 일단 숙소에 짐을 풀고 몸을 씻은 뒤 저녁 식사 장소로 향했다.

두 테이블에 21명이 둘러앉았다. 여기는 한국처럼 일행이 동시에 앉는 테이블이 없고 한 테이블에 10명 정도 앉을 수 있도록 둥근 테이블이 비치되어 있을 뿐이다. 지금까지의 식당 모두 동일한 형태를 지니고 있었다.

주사모(술을 사랑하는 모임)의 11명은 연신 건배사와 건배 구호를 외쳐댄다. 일기 예보에 의하면 내일 비가 예정되어 있다. 이를 말리려면(막으려면) 주도의 의식을 제대로 시행하고 되도록 많은 양의 주량을 희생시켜야 한다는 궤변도 있었다.

배가 차지 않은 참새들은 또다시 방앗간으로 자리를 옮겨 꼬치구이와 맥주를 마시면서 잘도 재잘거린다. 삶은 땅콩과 애콩의 무료 안주의 양에 모두들 반색하며 포만의 의식을 행하기 위하여 시조를 읊기도 했다. 아버지로부터 들은 시, 송강 정철의 장진주사, 김삿갓의 시 등, 고품격의 향연이 환인의 뒷골목 선술집에서 긴 시간 벌어졌다.

넷째 날 | 4348(2015). 8. 15(토)

오늘은 광복절 70주년이다. 일본의 아베 수상은 위안부 문제를 비롯한 일제 침략에 대한 역사관이 비뚤어져 있다. 박대통령은 목청이 터져라 외치지만 일본의 집권층은 듣는 체도 안 한다.

진정한 광복은 왔는가? 신동엽 시인의 시처럼 '아사달과 아사녀가 초례청에서 맞절'할 때가 언제 다가올 것인지. 아직도 좌익과 우익, 진보와 보수의 타령만 계속하고 있을 뿐, 뾰족한 방법을 제시하지 못하고 있다. 그러나 우리의 정체성을 되찾고 역사의식만 바로 세운다면 좌우익이 무슨 의미가 있겠는가.

대한민국과 북한의 뿌리는 멀게는 단군조선을 세운 단군왕검이시며 가깝게는 민족독립 투쟁을 위해 희생한 독립군과 상해임시정부다. 독립운동의 본거지 만주에서 70주년의 광복절을 맞는 우리들의 마음은 일제 친일 세력과 친일 역사, 친일 문화를 청산하지 못한 그 회한에 찢어지는 가슴을 안고 만주 벌판을 향해 포효해 보았다.

"단군할아버지시여! 이 못난 자손들 일깨우셔서 치우천황으로부터 단군조선, 부여, 고구려, 발해, 금, 후금(대금. 청)으로 이어지는 대륙의 역사로, 다시 한 번 한민족의 웅비의 역사를 일으켜 주소서"

동창학교 분교인 노학당(老學堂)의 터로 향했다. 중간에 차를 세우고 물어물어 찾아갔다.

유인석 의병장 | 조선 후기의 학자, 의병장으로서 1842년 강원도 춘천시(춘성군) 남면 가정리에서 태어났으며 호는 의암이다. 1876년 병자수호조약을 체결할 때 반대 상소를 올렸으며, 1894년 갑오개혁 후 김홍집의 친일 내각이 성립되자 단양에서 의병을 일으켜 진군하였고, 영월에서 의병장으로 추대되었다. 그러나 제천에서 관군에 패전하고 강원도로 퇴각했다가 평안도를 거쳐 만주로 망명하였다.

당시 망명한 곳이 회인현(후에 환인현)이다. 이후 유인석 의병장의 가족들이 거주하게 되고 의병장의 아들 가족인 며느리 윤희순도 여기에 거주하면서 단애 윤세복의 동창학교의 취지에 공감하여 분교를 세운 것으로 보인다.

노학당 유적비에는 동창학교의 분교라는
사실을 밝히고 있다

드디어 노학당 터에 세워진 노학당유적비를 찾았다. 노학당은 1912년 환인현 보록보진 남괴마자에 동창학교 분교로 세운 교육기관으로서, 춘천 출신 여성 독립운동가 이자 유인석 의병장의 며느리인 윤희순 여사가 세운 것이다.

비석에는 환인현 동창학교 분교 노학당유지(老學堂遺址) 이렇게 적혀 있다. 노학당을 건립한 윤희순은 춘천 지역에서 이주해 왔으며 의병활동을 하던 집안이다.(시아버지의 伯兄이 바로 의암 유인석 의병장이다.) 이 비석은 광복회 춘천지부와 강원일보가 공동으로 건립했다고 한다. 신흥무관학교 터와 동창학교 터에도 이러한 표지 비석을 세워야 나중에라도 중국 정부에 정식으로 활동 근거지로서 인정받을 수 있지 않을까 생각해 보았다.

안타까운 마음을 안고 이제 미창구장군묘(米倉溝將軍墓)로 자리를 옮겼다.

환인현 아하향 미창구촌 북쪽 언덕 위에 있는 미창구장군묘는 대형석실 봉분묘로 둘레 150미터, 높이 8미터의 대형 무덤이다. 혼강이 묘의 3면을 휘감아 돌고 사방의 조망이 훤한 곳에 위치해 있는 명당자리였다. 당시에는 지체가 높을수록 그 지역에서 가장 높은 곳에 분묘를 조성하는 관습으로 보아, 미창구 무덤은 당시 이 지역 최고의 통치자의 묘로 추정된다.

집안현 5회분묘 처럼 묘 내부에 벽화가 그려 전하나 지금은 공개하지 않고 있어 그 자세한 벽화의 내용은 눈으로 확인할 수 없는 것이 좀 아쉬웠다. 묘를 관리하는 묘지기가 아래 마을에 살면서 제사까지 지낸다고 한다. 그 묘지기는 이 무덤을 관리하면서 자식들이 모두 잘 되었다고 자랑하기도 했다. 또한 마을에 조선족이 몇 가구 같이 산다고 귀띔도 해 준다. 묘지기와 같이 기념 촬영을 하고 헤어지기 섭섭했는지 나도숙 님이 묘지기의 손에 지폐 한 장을 꼭 쥐어 준다. 어색한 표정을 짓지만 그래도 고마움을 느끼는 마음이 같이 느껴졌다.

점심을 먹고 하고성자성지(下古城子城址)로 향했다.

하고성자성은 평지에 지은 궁성이라 할 수 있다. 어제 본 오녀산성이

미창구묘 앞에서의 필자

상고성자성(上古城子城) 즉 산성이므로, 하고성자성은 평화로운 시기에 국정을 보는 평지성이라 할 수 있다.

바로 앞에 흐르는 강이 혼강인데 당시에는 비류수, 또는 졸본천이라 하였는데 하고성자성은 바로 졸본성이라 할 수 있겠다. 뒤쪽은 궁궐을 지키는 산이 있어 배산임수의 지리적 조건을 잘 갖추고 있었다.

하고성자성은 고주몽(동명성왕)이 처음 개국시 도읍한 곳으로 평지성이다

지금은 평야의 촌락 형태로 남아 있고 하고성자성의 터였음을 알리는 표지석만이 이곳의 옛적 시절을 말해주고 있을 뿐이다. 주변 고분군은 예전에는 200기 이상이 되었으나 지금은 50기 정도밖에 남아 있지 않아 보존이 시급한 실정이었다.

고주몽(동명성왕)의 체취를 느끼기에는 세월이 너무도 많이 흘러 버렸구나. 그러나 천제의 아들로서 북부여에서 내려와 고구려의 나라를 건국하심은 우리 민족이 천자의 자손임을 명확히 밝히는 자긍심의 근원이다. 다시 그 옛날의 영광을 재현해 보자꾸나.

고구려의 시조 고주몽 | 동명성왕으로 불리는 고주몽(광개토대왕비에는 추모왕으로 부른다)은 BC58~BC19의 생애로 왕위 재위는 BC37~BC19 이다. 천제 해모수와 하백의 딸 유화를 부모로 두고 태어나 부여의 금와 왕에게 붙어살았지만, 주몽은 자신이 천제의 아들임을 자랑스럽게 여겼다. 부여를 떠나 고구려를 세울 때도 주변 나라를 하나하나 복속하며 국력을 키워 갈 때도 이 자긍심은 변함이 없었다. 이는 그 후손에게 고스란히 전해져 고구려는 전성기에 한반도 북부에서 만주 일대를 다스리는 대국으로 성장하였다. 비록 40세의 짧은 인생을 살았지만 대국의 주춧돌을 놓은 주몽의 일생은 결코 짧지 않았다.
광개토왕비에는 고구려의 건국왕인 동명성왕 고주몽에 대한 기록부터 시작한다.
"나는 천제의 아들이며 하백의 따님을 어머니로 모신 추모왕이다. 나를 위하여 갈대를 연결하고 거북이가 무리 짓게 하여라"
"옛적 시조 추모왕이 나라를 세웠는데 왕은 부여에서 태어났으며 천제의 아들이었고 어머님은 하백의 따님이었다. 알을 깨고 세상에 나왔는데 태어나면서부터 신령스러운 기운이 있었다."

주몽은 동부여에서 BC58년에 태어났다. 고주몽의 탄생에 대하여 자세히 적은 기록은 《삼국사기》다. 이 책의 〈고구려국본기〉 제1에는 부여왕 해부루가 아들 금와를 얻는 장면부터 시작한다. 늙도록 아들이 없던 해부루는 산천에 제사를 지내며 정성을 다하는데 그가 탄 말이 곤연에 이르러 큰 돌을 보고 눈물을 흘리자 이를 이상히 여겨 돌을 굴러보니 금빛 개구리 모양을 한 어린아이가 있었다.

하늘이 자신에게 준 자식이라 여긴 해부루는 아이를 거두어 키우고 드디어 태자로 삼았다. 그런데 왕의 재상 아란불이 꿈을 꾸는데 천제가 내려와 여기에 자신의 아들로 나라를 세우려 하니 동쪽 바닷가 가섭원으로 옮기라고 명령했다 해서 이에 따라 도읍을 옮기고 나라 이름을 동부여라 했다. 본디 도읍이 있던 자리에는 스스로 천제의 아들 해모수가 왔다. 세월이 흘러 해부루가 죽고 아들이 왕위를 이었다. 바로 금와왕이다. 어느 날 왕은 우발수 가에서 하백의 딸 유화를 만난다. 이 때 유화는 자신이 해모수를 만나 사귀었으며 이 때문에 화가 난 부모가 자신을 이 곳으로 귀양살이를 보냈다는 사정을 말한다. 금와는 유화를 거두어 궁실에서 살게 하였다. 이 때 햇빛이 방안의 유화에게 비추면서 따라 왔다. 유화가 아무리 피하려 해도 햇빛은 집요하게 쫓아오는 것이었다. 이 때문에 태기가있더니 유화는 닷되 정도 크기의 알을 낳았다. 괴이한 일을 받아들이기 어려운 금와는 알을길거리에 버리는데 짐승들이 먹지도 않고 밟지도 않았으며 새들은 날아와 날개로 덮어 주었다. 심지어 왕이 쪼개려 해도 되지 않자 그제야 유화에게 다시 돌려 주었다. 우여 곡절 끝에 어미 곁으로 돌아와 알을 깨고 태어난 이가 주몽이다.

이후 뛰어난 재주를 가진 주몽을 대소를 비롯한 금와왕의 아들들이 시기하고 모함하게 되며 마부로 일하면서 금와왕의 좋은 말과 바꿔치기 하며 어머니의 충고에 따라 '오이' '마리' '협보'와 함께 동부여를 떠나게 되며 동부여의 군사들이 쫓아오는 위기 상황에서 천제의 아들을 외치며 물고기와 거북이 만들어 준 다리를 통해 엄리수를 건너게 되며 모둔곡에서 '재사' '무골' '묵거'를 만나 각각 극씨(克氏), 중실씨(仲室氏), 소실씨(小室氏)성을 지어 주니 '극재사' '중실무골' '소실묵거'가 되니 이 6명의 신하와 함께 나라를 세우게 된다.

궁실을 지을 겨를도 없이 비류수 가에 초막을 잦고 나라이름을 고구려라 하였다. 주몽은 즉위하자마자 인접국가인 말갈을 쳤다. 고구려는 이처럼 처음부터 개척국가의 면모를 강하게 드러내며 주몽만의 자신만한 캐릭터를 형성해 나간다. 이어 비류국을 찾아 올라가 송양왕과 담판을 하게 되는데 비류국의 속국이 되라는 송양왕의 제의를 거절하고 천제의 아들로서의 정통성을 주장하며 송양왕과 대립하게 되는데 이듬해 송양왕은 주몽에게 항복해 오게 된다. 주몽이 왕위에 오른 6년째에는 태백산 동남쪽의 행안국을 쳤고 10년에는 북옥저를 복속시켰다.

왕 19년 4월에는 부인과 유리가 도망쳐 나왔다. 그러나 다섯 달 뒤 9월에 파란만장한 생애에 마침표를 찍었는데 나이 겨우 40세였다. 주몽이 부여에 있을 때 예씨(禮氏)와 결혼을 하였는데 황망히 부여를 빠져나가야 했을 때 아이는 아직 뱃속에 있었다. 이 아이가 곧 유리이다. 아비없는 자식의 수모를 받던 유리가 아버지가 남긴 '일곱모가 난 돌 위의 소나무 아래'라는 문제를 풀고 거기서 부러진 칼을 꺼내 고구려로 찾아왔던 것이다.

이제 신빈(新賓)으로 이동했다. 그곳은 후금(청)의 발상지로 허투아라성(赫圖阿拉城)이 있는 곳이다.

만주족 자치현인 신빈(新賓)은 청나라의 시조 누루하치(努爾哈赤)가 나고 자란 곳으로 처음으로 후금을 세운 곳이다. 이 지역은 건주 여진이 살던 지역으로 먼저 건주 여진을 통일하고 다음으로는 금나라를 세웠던 아골타(阿骨打)의 해서여진을 복속하고 마지막으로 시베리아 지역의 야인여진을 통일함으로써 만주 전체를 통일하여 왕국을 세웠던 것이다.

처음의 국호는 대금(大金)으로 지었는데 이는 아성지역에서 일어난 해서여진인 아골타의 금나라를 이어 받아 더 크고 위대한 금나라를 세우겠다는 의지였다. 야심에 찬 국호의 제정에서 여진족의 큰 꿈을 느낄 수 있었다.(후세 역사가들은 대금을 후금으로 칭하고 금나라를 이어 받았다는 사실을 기정사실화 하였다. 그리고 2대 황제 홍타이지는 여진족의 이름을 만주족으로 바꾸고 나라 이름도 대금에서 청으로 바꾸었다. 아골타가 나라이름을 금으로 정한 것은 아골타의 성이 김씨였다는《금사》의 기록에서도 그 기원을 찾을 수 있다고 하겠다)

역사적으로 여진족은 발해의 후손이고 발해는 고구려의 후손, 고구려는 부여의 후손, 부여는 당연히 단군조선의 후예이므로, 여진족은 우리의 핏줄인 단군의 자손, 한민족임이 자명하다.(그럼에도 불구하고 근세조선의 사대주의자들은 여진족을 오랑캐라고 얕잡아 보면서 현실적인 외교를 하지 못하고 명나라에 치우쳐 청나라의 형제지교를 거부하였다. 실리적 외교를 펼치던 광해군을 폐위시키고 인조반정을 일으켜 청나라를 반대함으로써 정묘호란과 병자호란을 자초하게 되었다. 이는 같은 민족끼리 싸우는 형국이 된 것이다)

허투아라성은 1603년 누루하치가 여진 전체를 통일한 후 세운 궁궐로 1616년 칸(汗, 왕, 황제)으로 등극하여 국호를 대금(大金)으로 연호를 천명(天命)으로 하여 천하의 중심으로 삼고 황제의 지위에 오르게 된다. 이 곳은 랴오양(遼陽)으로 수도를 옮기기 전까지 18년간(1603~1621) 수도였고 랴오양에서 4년간(1621~1625), 세 번째는 봉천(현재 심양)에서 19년간(1625~1644), 그리고 그 후에는 북경으로 수도를 옮겨 왕조가 멸망할 때까지 유지하였다.

청나라 | 청나라의 초기 이름은 초대 황제 누르하치가 정한 대금국(별칭 후금, 금나라를 이어 받았다는 뜻)이다. 이는 아골타가 아성에서 건국한 금나라를 계승했다는 뜻이다. 금나라와 청나라는 같은 여진족이다. 금나라는 해서 여진족, 청나라는 건주 여진족이다. 같은 여진족으로서의 동질성을 갖고 국호도 같은 맥락에서 지은 것이다.

청나라 발상지 허투아라성
입구 표지석에서

2대 황제 홍타이지가 국호를 청나라로 바꾸고 여진족도 만주족으로 바꾸어 오늘날까지도 만주족으로 불리고 있다. 여진족은 발해의 후예이고 발해는 고구려의 후예이며 고구려는 부여(북부여, 동부여)의 후예이고 부여는 고조선의 후예이므로, 한반도의 민족이나 청나라의 만주족도 같은 혈족이다.

이를 안 홍타이지는 명나라를 지지하지 말고 같은 민족인 청나라를 지지해 주길 원했지만 조선은 이를 거부했다. 당시 청나라와의 실질 외교를 주장했던 광해군을 중화사대주의자들이 권좌에서 밀어냄으로써 양대 호란의 난국을 자초하게 된 것이다.

이는 정묘호란으로 형제의 맹약을 맺은 것만 보아도 알 수 있다. 국제 관계란 형제 지국이라도 국가의 경계가 생기면 관계는 무너지는 것을 보면서,(일본은 왕족의 핏줄과 지배층의 혈족이 한반도의 도래인이라는 것을 인정하면서도 그들의 조상나라를 수없이 침입하고 있다) 동일 민족의 관계를 떠나 현실 정치를 보지 못하는 위정자들의 형식적 논리의 고집이 그러한 대란을 초래한 것으로 볼 수 있을 것이다.

청나라 태조 누르하치가 황제로 등극하고 국정을 보던 곳

청나라 건국의 시대상황 ┃ 발해의 후손인 여진족은 건주여진(소자하, 혼하 일대), 해서여진(송화강, 흑룡강 상류 일대), 야인여진(흑룡강 이북 일대) 의 세 부족으로 나뉘어지며 건주여진은 오늘날 서간도에 위치한 지역으로 중국과 근접한 지역이다. 명나라는 건주여진 지역에 건주위, 건주좌위, 건주우위를 두어 다스렸다.

누루하치는 건주좌위 도독이었던 맹가첩목아(猛哥帖木兒)의 후손으로써, 성은 애신각라(愛新覺羅)인데 애신은 만주어로 금(金)이란 뜻이며 각라란 족(族)이란 의미이다. 따라서 애신각라란 금조의 유족이란 뜻이며 만주 지역 왕조의 하나인 금의 후예라는 뜻이다. 당시 건주부에는 5개의 부족으로 철진부, 혼하부, 소극소호하부, 동악부, 완안부가 있었다.(금나라 태조 아골타의 성(姓)인 완안부가 아직도 있었던 것이 놀랍기만 하다) 청나라의 태동은 명나라가 조선에 침략한 임진왜란을 원병하기 위하여 군사력과 국가의 재정을 많이 소진함으로써 생긴 시대적 공백을 잘 활용한 결과라고 할 수 있다.

누루하치는 조부 각안창(覺安昌)과 부인 탑극세(塔克世)가 요동총병이었던 이성량과 토륜성주 니감외란에게 살해되었다. 그러므로 그 한을 풀기 위하여 1583년에 선조로부터 물려받은 100명 미만의 병력을 이끌고 니감외란을 공격하여 승리하고 1588년까지 건주 5부를 통일하였다. 이에 당황한 명은 이듬해 누루하치를 도독첨사로 승진시켰으며 1595년에는 용호장군으로 봉하였다. 이렇게 누르하치는 임진왜란으로 인하여 조선과 명나라가 만주까지 힘이 미치지 못하는 틈을 이용하여 건주여진을 통합하고 1616년(광해군 8년) 후금을 세우게 된다.

역사탐방 마지막 밤을 보내기 위해 심양으로 이동했다.

호텔에 짐을 풀고 호텔 1층에 있는 만찬장에 가니 테이블이 멀리 떨어져 있어 모두 같이 어울리기 어려운 분위기였다. 그러나 한쪽에서는 열심히 떠나는 마지막 날까지의 쾌청한 날씨를 기원하는 비나리 음주의식이 엄숙함의 의식보다 보다 많은 횟수와 양으로 채워지고 있었다.

건너편 찻집에서 차 한 잔 마시고 개운한 마음으로 잠자리에 들어야겠다. 호텔로 돌아오니 아직도 주(酒)를 찾는 일행의 모습도 보인다.

방으로 들어와 내일 일행에게 들려줄 시를 짓자 마음먹었다. 그것도 모두의 이름이 들어가면 더욱 좋아하겠지.

다섯째 날 | 4348(2015). 8. 16(일)

중국에서의 답사 마지막 날이다. 아침이 밝아오자 안도했다. 분명 이틀 정도는 비가 온다는 예보가 있었으나 비가 오지 않았다. 우리에게 맑은 하늘을 내려 주심은 동명성왕의 은혜와 독립군 선열들의 보살핌 덕분은 아니었을까.

식사를 마치고 서둘렀다. 이제 7,000년 전의 신석기 시대의 유적지 신락(新樂)유적지로 향해야 했기 때문이다.

이 곳은 홍산문화의 주거문화 지역으로 보이는 집단 군락지로 당시의 주거 양식으로 볼 때 매우 발달된 형태의 생활양식을 가진 고도로 발전된 인류의 발자취를 느낄 수 있었다.

홍산문명은 요하 상류 지역에서 꽃을 피운 문명으로 황하문명보다도 더 오래된 독자의 발달된 문화권임이 밝혀져 역사학계를 발칵 뒤집어 놓은 문명이다. 이 문명의 출현으로 세계 4대 문명인 황하문명은 홍산문명의 전래로 이루어진 하위 문화임이 밝혀졌다.(실제 황하문명도 은나라의 문명임이 정설이다. 은나라는 한족이 아니라 동이족인 한민족이 이루어낸 문명이라는 측면에서 홍산문화를 꽃피운 동이족과 같은 민족임을 말할 나위 없다고 하겠다)

요녕성박물관을 가기 전에 물산의 상황을 살펴보는 시간을 갖자. 옛날의 형태의 재래시장도 있지만 고층 건물에 입주하여 카테고리별로 층별 시장이 형성된 현대적 시장도 같이 공존하고 있어 시간의 벽 없이 과거와 현재가 병존하는 시대에 살고 있음을 이 곳 사람들은 가슴속 깊이 느끼고 있을까. 가방과 여행용 백, 시계 등을 사가지고 만족한 표정을 온 얼굴 가득히 담고 돌아왔다. 서울보다야 당연히 값이 싸다. 신규도 군은 드론을 사가지고 즐거운 마음으로 노래를 흥얼거리면서 들어왔다.

심양 신락유적지 입구에서 필자

본연구소 박성신 이사장과
신락유적지 내 구주거지 앞에서

요녕성박물관은 공항 가는 길에 있다고 한다. 가는 길에 어제 썼던 시를 낭송하였다.

서간도 답사 찬가

인천공항 도착하니 낯익은 얼굴 반겨주네
제일 먼저 송태화님 만면에 웃음 띠고

어얼씨구 반갑구나 반갑게 악수하니
옆에 계신 정일영님 물끄러미 처다보며
왜 나에게는 악수 않는고? 농담으로 반겨 주네
근엄하신 박성신님 이사장의 직책 맡아
밤낮으로 고민하는 흔적이 역력하다

작년에 봤던 박종민님 다시 보니 더 반갑네
이번에도 불러 보는 구수한 그 노래 바위섬과 등대지기, 유행가
독립군가 소리 높여 부르며 바쁘도다 김종성님
무법의 도시 텍사스 동방의 등불 코리아
부창부수 나도숙님 95년 만에 불러 보는
신흥무관학교 교가에 코끝이 찡해 오네

떠나올 때 컨디션 최악 오녀산성 기를 받아
입꼬리로 귀걸이한 어얼씨구 김소희님
떠나오기 두 달 전부터 밤잠 계속 설쳐 대며
목빠진다 김민지님 만주 땅아 그립구나
국민건강 책임지는 단체장 임무완성
다시 시작 나현님 민족정기 세우자
국민건강 사무총장 국민정신 회복 위해
선두에 선 오복녀님 찾아가자 빛난 역사
산업연구 책임지는 대기업의 일등 일꾼
홍 돋구는 구정호님 유연한 미사려구
테너의 목소리로 전율을 전달하며
노래로 만주 호령 그 이름은 이성민님
독립활동 역사에 여성 역할 지대하다

미래의 통일운동 촉망되는 이채원양
해박한 지식으로 답사해설 명쾌하다
미래의 민족사학 책임지는 임찬경님
국학의 발전위해 추종불허 신영태님

훌륭한 선후배님 확인하자 역사현장
북간도의 역사탐방 이어보자 서간도로
새싹의 푸른 기운 장래 일꾼 신규도군
기본임무 1차 끝낸 사랑일꾼 최현숙님
또다시 시작하자 세상의 밝은 일을
문화융성 가꾸고자 노고 많은 김정현님
세계 이끌 대국은 문화나라 대한민국
세상을 건강케 하자 애쓰시는 김준옥님
손길 뻗는 그 사람들 도와주자 홍익인간
허허실실 큰 의지로 큰 뜻 품은 이윤수님
최후의 보루되어 연구소문 튼튼하게
하늘의 뜻 따르자 교화하는 최경주님
국학연구 큰 일꾼 번영하는 연구소

　　이렇게 이번 답사 참가자의 이름을 전부 넣어 운율이 있는 시를 지으니 모두가 매우 즐거워했다. 내친 김에 금번 답사의 스케치를 다시 정리하며 그려 본다.

국수망도가존(國雖亡道可存)이라는
나철 선생 가르침에 윤세복 선생 각득하고
백형(伯兄)과 힘을 합쳐 동창학교 건립하여
전교건학(傳敎建學) 정신으로 뿌리 정신 가르치니
민족 역사 세우리라 박은식과 신채호 선생
이 분들의 연구 성과 민족 역사 기둥 되어
영광의 단군 자손 역사에 다시 빛나리
동창학교 찾아오신 애국지사 이극로 선생
주시경 선생 제자 만나 한글 연구 매진하니
대종교의 얼노래는 선생 작품 다수이고
글을 지켜 정신을 보존하자 조선어학회의 기둥되시네

병농겸행(兵農兼行) 정신으로 경학사를 창립하니
대한 건아 운집하고 신흥학교 흥창한다
모든 가산 정리하여 유하현을 개척하신
이회영 선생 형제분들 그 정신 높고도 숭고하다
대고산 아래에서 시작한 광복 사업
통화현 합나하로 그 규모 더욱 크다
지청천 장군 오고 김경천 장군 오니
근대식 군대 편제 드높도다 서로군정서

국내성 가는 길은 곳곳이 요새일세
외적들아 고구려 침략 꿈도 꾸지 마라
집안현 들어서니 사방이 병풍일세
남쪽으로 압록강 서쪽으로 통구하
자연 해자 보호하니 국내성은 더욱 튼튼
궁궐터 여기저기 성벽이 그 증거요
현민들 성내에서 평안하게 살아가네

환도산성 들어서니 동서북은 험준 요새
요망루는 훼손되고 총군대장 간 곳 없네
음마지의 잉어 잡아 적장에게 선물하고
환도성의 자생능력 적들이 물러가니
잉어병퇴 전설이 여기서 나옴이라

호태왕비 올려 보니 하늘에 닿았구나
고구려는 북부여의 천제의 후손이라
세상나라 평정하고 나라 강토 드넓히니
한민족의 영웅일세 (국강상)광개토(경평안)호태왕
웅장하다 태왕릉 죽어서도 호령하네
선대 이은 장수왕 남진정책 펼치고자
평양으로 천도하나 사후에는 집안현 장군총

오녀산성 올라 보자 옛 이름은 흘승골성
999계단 가파르다 18반 길로 돌아가자
서문에 도착하니 박무가 우릴 반기네
환인현을 내려 보니 통화에서 내려온 혼강
태극 모양 굽이치니 여기가 천하 길지

평지 산성 찾아 가자 그 이름은 졸본산성
앞에는 졸본천 뒤에는 주산으로 배산임수 형국이라
동명성왕 이곳에다 고구려를 건국했네

발해 자손 건주여진 누루하치 신빈에서
한족을 물리치고 해서여진 복속하니
금나라의 후손이라 대금이라 건국하니
연호는 天命이요 고구려의 후예로다

심양은 상고 이래 문화의 요충지라
홍산문화 뿌리 내력 신락유지로 알 수 있네
상가를 돌아보니 물산도 풍부하다

　요녕성 박물관은 원래 시내에 있었으나 현대식으로 단장하여 웅장하
게 새로 개관하였다. 전시관은 여러 부문으로 만들었으나 1층밖에 개관
하지 않아 우리가 가보고자 했던 홍산문화의 유적 및 출토물들을 보지
못해 무척 아쉬웠다.

요녕성박물관 앞에서(장녀 소희와 함께)

이제 서울로 돌아가야 한다.

다시 심양 국제공항으로 향했다. 중국인 가이드도 못내 작별을 아쉬워하며 누르하치의 후손인 스스로 만주족이라고 밝힌 운전기사도 수고가 많았다. 다음에는 단군의 자손, 부여의 자손, 고구려의 자손, 발해의 자손, 금나라의 자손, 청(후금)나라의 자손으로서 같은 핏줄의식을 갖고 다시 만나기를 빌어 본다.(그 이전에 남북통일이라도 빨리 오기를 기원하고 또 기원해 본다)

공항에서 입국 수속을 밟는데 강원남도(Gangwon South)라는 유니폼을 입은 선수들이 같이 모여 있기에 어디 가느냐고 물으니 단장이라는 인솔자 분이 세계청소년 축구대회 참석차 평양을 들어간다고 한다. 왜 강원남도냐고 했더니 북쪽에도 강원도가 있으니 South를 붙여야 한단다. 축구 경기도 남북이 갈리는 것을 생각하니 다시금 마음이 착잡했다.(작년에는 연천에서 제1회 대회를 개최했다고 한다)

귀국하여 나중에 그 축구대회 뉴스를 보니 감회가 새로웠다. 그 축

구선수들을 만나 정겹게 인사했던 추억에서 오는 것은 아닐지 생각해
본다.

박물관 안에서(본연구소 송태화 고문과 함께)

어화 우리 청년들아   고국산천 이 땅이라
북부여의 단군자손   이천여 년 亨國일세
神祖 유택 무궁하여   만세 만세 억만세라
혼강 일대 도도하니   동명성왕 北來하여
고구려를 건설하고   호시천하 굉장하다
환도고성 찾아보니   광개토왕 비문이라
남정북벌 소향처에   동양대륙 진동했네

개세영웅 개소문은   산해관의 古墓로다

용천부를 돌아보니   발해태조 성업일세

사십만중 일호령에   해동성국 일어났네

우리 동족 금태조는   백두산에 터를 닦아

이천 오백 정병으로   횡행천하 족족했네

우리 오늘 건너 온 일   상제 명령 아니신가

아무쪼록 정신차려   조상 역사 서술하세

백암 박은식의 「歷史歌」다. 압록강을 건너 환인현으로 들어와, 고국산천이 한반도만이 아니라 바로 만주가 우리의 고토임을 외쳐대고 있다. 단군조선에서부터 고구려와 발해를 거쳐 금나라에 이르기까지의 역사가 모두 남의 역사가 아니라 우리 민족의 역사임을 강조한 것이다.

01

부 록

대종교 경전에 나타난 인명과 지명에 관한 고찰

홍암 나철 대종사의 대종교 중광 약사(略史)

대종교 경전에 나타난 인명과 지명에 관한 고찰

1. 삼일신고 머리말 /
발해 반안군왕(盤安郡王) 신(臣) 야발(野勃)

삼일신고의 머리말은 반왕군왕 대야발이 지으셨다.

머리말 끝머리에 "반완군왕 신 야발은 삼가 임금의 분부를 받들어 머리말을 적나이다" 이렇게 끝내고 있다. 그리고 그날은 천통(天統) 17년 3월 3일이다.

여기서의 임금은 당연히 발해의 제1대 임금 고왕(高王) 대조영(?~719년, 재위 698~719)이다. 발해 고왕 대조영 임금의 출생 연도는 미상이나 왕위 재위기간이 698년~719년(22년 재위)으로 볼 때 재위 17년(천통 17년)은 714년에 해당한다. 천통(天統)은 발해 고왕께서 사용하던 연호이다. 천통의 뜻은 하늘의 계통을 이어 받아 국가를 세웠다는 뜻이니 이는 하늘의 가르침에 따른다는 의미로서 삼신일체 한얼님의 높은 가르침을 계승한다는 의미이다.

또한 연호를 사용하는 것은 자주적 독립국으로서 주위의 어떤 나라로 부터도 간섭을 받지 않는 황제국임을 뜻한다. 2대 무왕 대무예(?~737년, 재위 719~737)는 인안(仁安), 3대 문왕 대흠무(?~793년, 재위 737~793)는 대흥(大興) 등으로 모든 발해의 왕들이 연호를 사용하여 천자의 나라로 자주국임을 표방하였다.

반안군은 발해의 지방 통치 조직의 하나로서 압록강 상류에 있던 대진국 발해의 행정구역으로서 오늘날 무송현(撫松縣) 부근에 위치하였다.

또한 대야발은 역사서《단기고사》를 직접 편찬한 인물로도 알려져 있다. 소실되어 버린 고구려의 역사서를 복원하라는 대조영의 특명을 받은 반안군왕 대야발은 배달민족의 시원의 역사를 찾기 위하여 13년에 걸쳐 두 번이나 돌궐까지 오가며 만주와 중국 일대를 수차례 탐방하면서 역사서를 모으고 정리하여《단기고사》를 편찬했다 한다.

2. 임금이 지은 삼일신고 예찬 /
   발해 태조 고왕(대조영)

임금이 지은 삼일신고 예찬은 발해 1대 임금 고왕(대조영)이 친히 지으신 것이다. 고구려 건국의 공신 중 한 분인 마의극재사께서 지으신 〈삼일신고독법〉이 첨부된 삼일신고 고구려본이 발해에 전해진 후 삼일신고를 읽고 감동하여 큰 깨달음을 얻은 대조영 임금은 천통 16년 10월 초하루에 〈삼일신고예찬〉을 짓고, 이듬해(천통 17년) 3월에 반안군왕 대야발(대조영의 아우)이 고왕의 명령을 받들어 〈삼일신고서문〉을 쓰게 된다.

3. 삼일신고 주해 /
발해 문적원감 임아상

발해 고왕은 〈삼일신고예찬〉에서 밝은 선비 임아상에게 주석을 달고 풀이하게 한다는 내용이 나온다.

임아상은 발해 1대 고왕부터 3대 문왕 때까지 선조성의 좌평상사 겸 문적원감으로서 당대에는 최고의 석학 반열에 오른 인물이다. 2대 왕인 무왕(대무예)의 장인이기도 함으로 왕가의 외척으로서의 신분이기도 하다. 고왕의 분부를 받들어 삼일신고 본문의 주해를 달았으며 문왕 대에 이르러 앞의 찬문, 서문, 본문 및 주해에다 고구려 개국공신 극재사가 쓰신 〈삼일신고독법〉을 넣고 책 말미에 자신이 쓴 〈삼일신고봉장기〉를 덧붙여 《삼일신고어찬본》을 엮었다.

4. 삼일신고 읽는 법 /
고구려 개국공신 마의 극재사(克再思)

'삼일신고 읽는 법' 즉 〈삼일신고독법〉은 고구려 개국공신 6인 중의 한 분인 극재사께서 남기신 것이다. 고주몽은 동부여를 탈출하면서 같이 동행한 신하 '오이'·'마리'·'협보' 이외에 엄리수를 건너 모둔곡에 이르렀을 때 '재사'·'무골'·'목거'의 든든한 세 신하를 얻게 되는데, 이때 재사에게 극(克)이라는 성을 하사하여 극재사(克再思)가 된다. 마의(麻衣)는 항상 청렴한 삼베옷을 입고 다녔다는 의미에서 붙여진 것이다(신라 말기 경순왕의 왕자도 마의를 입고 금강산으로 들어갔다 해서 마의태자라 칭하는

것과 같다). 마의 극재사께서 삼일신고를 항상 정성스럽게 봉독했다는 뜻
은 당시의 고주몽 왕뿐 아니라 신하들도《삼일신고》를 정성껏 받들었다
는 의미이다.

5. 삼일신고 간직해 온 내력(三一神誥奉藏記) /
   발해 3대 문왕 대무예

〈삼일신고봉장기〉는 발해 3대 왕인 문왕이 즉위 3년인 대흥(大興) 3년
에 그 동안 세상 풍파에 겨우 간직해 내려온 삼일신고를 영원히 없어지
지 않게 하기 위하여 태백산(백두산) 보본단에 받들어 감추어둔다는 〈삼
일신고봉장기〉를 찬하여 후세에 전하여 오늘에 이르게 되었다.

《삼일신고》는 본디 신지(神誌) 선사의 동해청석본(東海靑石本)과 부여
의 법학자 왕수긍(王受兢)이 박달나무로 만든 은문본(殷文本)이 있었다.
그 중 돌로 된 것은 부여의 나라 곳간에 간직하였고 나무로 된 것은 위
만조선에 전하였다가, 둘 다 전란에 잃었다. 이에 마의 극재사를 통하여
고구려에서 번역하여 전해진 고구려본을 고왕께서 친히 읽으시고, 스스
로 지은 〈삼일신고예찬〉을 붙여 태백산(백두산) 보본단에 영원히 없어지
지 않게 봉장한다고 기록하고 있다.

발해 고왕의 정성으로《삼일신고》가 우여곡절 끝에 전해져, 단군민족
의 정신이 후대에 영원히 살아남도록 한 선열들의 지극한 마음을 미루
어 짐작할 수 있겠다.

《삼일신고》를 봉장한 날짜는 문왕 즉위 3년 즉 대흥3년 3월 15일에
간직한 것으로 되어 있다. 그 날이 어천절이었음을 볼 때 당시에도 어천

절을 경축하였음을 짐작케 한다.

이렇게 비장된 상태로 약 1,200년이 지나도록 찾지 못하고 있다가 백두산에 들어가 10년 동안 수도하며 도천(禱天)하던 백봉신사가 단군한배검의 묵시를 받아 보본단 석실에서 이 책을 찾아낸 뒤 제자 두암을 통하여 홍암 나철 대종사에게 전한 것이다.

6. 회삼경(會三經) 머리말 /
단애 윤세복 종사

나는 다행하게도 우리 세 종사와 더불어 한 세상에 태어났다. 그러나 오랜 동안 친히 받들지 못한 것이 평생에 큰 유감이었다. 내가 선종사 문하에서 배운 사정은 아래와 같다.

홍암대종사는 내가 경술년(1910년) 마지막 무렵 간동(諫洞)에서 처음 뵈었다. 12월 23일, 25일, 27일 사흘 밤을 홀로 모시고 역사와 대종교와 시국에 대한 교훈을 감격하게 들은 뒤에, 단애 윤세복(檀崖 尹世復)(본명은 世麟이었음)의 새 호와 이름을 받들고 대종교를 신봉하게 되었다.

이듬해 신해년(1911년) 봄에 시교의 책임을 지고 남만주로 떠나간 뒤로는 동서에 서로 떨어져 소식조차 오래 막혔다가, 병진년(1916년) 가을에 무송(撫松) 감옥에서(살인 혐의로 을묘년 봄부터 18개월 동안 구금됨) '죽고 삶이 몸둥이 껍데기에 있지 않고 믿음과 의리는 오직 신명으로써 증거가 되느니라(死生不在軀殼信義惟證神明)'라는 유서를 울며 받들었다.

무원종사는 내가 대종사를 뵈옵던 둘째 날 밤, 곧 경술년(1910년) 12월 25일 밤에 대종사의 소개로 잠깐 얼굴을 뵈었으나 말씀 들을 겨를은 없었다. 그 뒤 총본사는 북만주 밀산(密山)으로부터 영안현(寧安縣) 남관(南關)으로 옮겼고, 나는 남만주 환인(桓仁)으로부터 무송현 지방에서 시교도 하고 교당도 마련하기 10여 년인 신유년(1921년) 가을에 서일 도본사(西一道本司)의 전리로 임명받던 전후로 몇 차례 왕복이 있었을 뿐이다.

그러다 두 해 뒤 계해년(1923년) 겨울, 내가 화전현(樺甸縣)에서 낙상하여 치료하던 중 천만 꿈밖에도 '상교 윤세복을 사교로 뛰어 올리고 경각의 인장을 맡긴다(尙敎 尹世 復 超昇司敎 委任 經閣 符印)'란 종사의 유명이 계셨다는 전보와 글월을 받잡고 허둥지둥 망곡식을 거행하였다.

백포종사는 나와 동갑인데 입교한 교적부에 의하면 나의 후진이면서 또한 먼저 깨달은 이가 되시었다. 백포종사의 출생지는 함경북도 경원(慶源)이요, 나는 경상남도 밀양(密陽)이며, 또 옮겨 와 살던 곳이 백포종사는 동만주 왕청(汪淸)이요, 나는 남만주 환인(桓仁)이라, 서로 멀어 사귈 인연을 얻지 못했었다.

3.1운동 당시(1919년)에는 천산(天山) 뒷기슭 한가닭 산마루를 서로 격하여 백포종사는 화룡현(和龍縣)에서 군사를 훈련하고 나는 무송현에서 터전을 지킨 지 1년 남아에, 오가는 사람 편에 소식은 서로 통했으나 끝내 한 번도 만나보지 못한 채, 청산리(靑山里) 싸움에서 일본군을 무찌른 것과 당벽진(當壁鎭)에서 조천하신 소식을 《교보(敎報)》로서 알고 북망 통곡할 뿐이었다.

내가 무원종사의 유명을 이어 갑자년 봄, 영안현에서 직위에 욕되이 오른 뒤에야 상해(上海)에서 출판한 종경(신고강의, 신리대전, 신사기, 회삼경)을 처음 받들어 읽고, 백포종사의 공덕을 감탄하여 마지못했으며, 세 분

종사께서 이미 다 조천하신지라, 경전의 뜻에 풀기 어려운 데가 있어도 물어 볼 곳이 없음을 스스로 슬피 여기고 한탄했었다. 따라서 나의 앞길은 오직 거친 광야를 헤매는 외롭고 적막한 생애였다.

내가 험악한 풍조에 밀려서 흥개호(興凱湖) 가에서 숨을 돌리고 경박호(鏡泊湖) 언덕에서 다리를 쉬면서 20여 년 보따리 장사를 하는데, 게다가 임오년 교변을 만나 봇짐은 왜적에게 다 빼앗기고 동지 열 사람이 희생되었으며, 3년 동안 옥에서 고생하다가 드디어 해방의 종소리가 들리자 빈 몸으로 옥문을 나서니, 어허! 손에 태극기를 들고 입으로 만세를 부르는 우리 동포가 떼를 지어 행진하는 것이야말로 정말 꿈같은 경지가 아니고 무엇이랴!

내가 만주로 건너간 지 36년 되는 병술년(1946년) 봄에 압록강을 도로 건너 서울에 도착하니, 봄 추위는 아직도 혹독하여 눈에 뵈는 것이 처참하나 다만 태극기가 하늘에 날리고 만세 소리가 드문드문 귓전을 울리는 것이 새 봄의 기상이었다.

그러나 묵은 한과 새 근심을 이기지 못하는 내 몸은 차츰 병마와 더불어 벗하게 되었다. 이 해(1946년) 가을에 경각 사무는 동지에게 위임하고 한 때 휴양하던 중, 수십 명 청년들의 요청으로 몇 주일 동안《회삼경》을 강의했으나 그마저 사정으로 다 마치지 못했었다.

나의 어지러운 생애는 1년을 지나고 올 해 봄부터 공무 틈틈이 앓는 사이사이《회삼경》의 번역을 대강 탈고했으나, 주석과 해석이 밝고 자상하지 못한 곳이 많을 것이다. 나의 학식이 모자라는 탓이니 뒤에 오는 동호자가 바로 잡아 주기를 바라는 바이다.

또 이것은 나의 40년 동안 대종교 생활의 참담한 역경을 대강 서술한 것이거니와, 어질지 못한 나를 동정해 주던 뜻을 같이한 벗이 이제 몇이나 남았는고.

중광 40년(1948년) 무자 3월 1일

단애 윤세복은 허당(虛堂)에서 삼가 적는다.

7. 삼법회통 머리말

《삼법회통(三法會通)》의 원 이름은 '수진삼법회통(修眞三法會通)'으로서 단애 종사님이 임오교변으로 인하여 무기징역을 받고 목단강 감옥에 투옥되어 고초를 겪으시는 와중에도 대교 교인들을 위하여 손수 지감(止感), 조식(調息), 금촉(禁觸)의 삼법수행론을 집필하시어 남기셨다. 수진삼법회통은 중광한 지 36년 갑신(1944년) 윤 4월 29일에 탈고 완성하시었다. 이용태 도형께서는 이후 내용을 덧붙이고 가미하여《수진비록(修眞秘錄)》을 편찬하기도 하였다.

홍암 나철 대종사의 대종교 중광 약사(略史)

1. 중광 이전 활동

개천 4420년(1863년) 탄생, 왕석보 선생 문하에서 한문 수학.

개천 4348년(1891년) 과거시험 문과급제(승정원 가주서, 승문원 권지부정자)

개천 4352년(1895년) 징세서장

개천 4362년(1905년) 6월 1차 도일(渡日), 동양평화를 위한 한 · 일 · 청 3국의 친선동맹 주장.

개천 4363년(1906년) 1월 24일(음력 을사 12월 30일) 저녁 11시 서대문 역 근처에서 백봉신사의 제자인 두암(頭岩) 백전 (伯佺) 옹으로부터 《삼일신고》·《신사기》의 경전 을 전해 받음.

개천 4363년(1906년) 5월, 9월 2차, 3차 도일(渡日)

개천 4364년(1907년) 3월 25일 오전 10시 을사5적 암살기도(정미대거 사의 건), 10년 유배형을 받고 지도로 유배당함. 동년 10월 고종황제의 특사로 사면되어 해금됨.

개천 4365년(1908년) 11월 4차 도일(渡日) 동경 강호천구 앵전 본향정
(東京 江戶川區 櫻田 本鄕町) 13번지 청광관(淸光館)
숙소에서 12월 5일(음력 11월 12일) 백봉신사의
제자 미도(彌島) 두일백(杜一白) 옹으로부터《단군
교포명서》와《고본신가집》·《입교절차》의 일책
을 받으시고, 또 12월 31일(음력 12월 9일) 동경
본향구 삼천정 1번지 신판상(東京 本鄕區 森川町 1
番地 新坂上)에서 두일백 옹을 또 만나 정훈모(정
선)와 함께 영계를 받음.

2. 중광 이후 활동

개천 4366년(1909년) 음력 정월 15일 자시(子時) 동지들과 더불어 단
군교 제천포교 중광하심. 서울 북부 제동 취운정
하 8통 10호 모옥(北部 齋洞 翠雲亭下 8統 10戶 茅屋)

개천 4366년(1909년) 2월 16일 새벽 '밀계(密戒)' 22언을 묵수함.

개천 4366년(1909년) 2월 29일 원동(苑洞) 16통 3호로 이전

개천 4366년(1909년) 6월 11일 가조(歌調) 단단조(壇壇調) 작시

개천 4366년(1909년) 6월 21일 단군가(檀君歌) 신문 게재

개천 4366년(1909년) 7월 13일 중니동(中泥洞) 77통 5호로 이전

개천 4366년(1909년) 9월 15일 자문동(紫門洞) 9통 6호로 이전

개천 4366년(1909년) 11월 17일 중부 정선방 상마동(貞善坊 上麻洞) 30
통 10호로 이전

개천 4366년(1909년) 12월 '5대종지' 발포

개천 4367년(1910년) 7월 30일 교명을 '대종교'로 개칭

개천 4367년(1910년) 8월 21일 천조(天祖) 영정(天眞)을 천전(天殿)에 봉안함.

개천 4367년(1910년) 9월 15일 일요일을 경일로 정함(11시 1회 경배식 거행)

개천 4367년(1910년) 9월 27일 '의식규례' 발포

개천 4367년(1910년) 10월 25일 만주 북간도 삼도구(三道溝)에 지사(支司) 설치함.

개천 4368년(1911년) 정월《신리대전》저술.

개천 4368년(1911년) 7월 21일 고적 및 영적 답사 차 출발하여, 서울 →강화→평양→백두산 북쪽 기슭 청파호에 이름

개천 4369년(1912년) 3월 3일《삼일신고》간행

개천 4370년(1913년) 2월 국한문 시교문 작성 및 포교

개천 4371년(1914년) 1월 규례기초위원 김헌(후일 무원종사)으로 하여 금《신단실기》를 저술, 발간케 함

개천 4371년(1914년) 5월 13일 만주 간도 청파호 백두산 북록에 총본 사와 고경각을 권설함.(서울 남도본사, 청호 동도본 사 설치)

교구 설정(4도 교구는 백두산을 중심으로 함)

동도 교구: 동만 일대와 노령 연해주 지방

서도 교구: 남만으로부터 중국 산해관까지

남도 교구: 한국(한반도) 전역

북도 교구: 북만주 일대

외도 교구: 중국, 일본 및 구미 지방.

(그 후 단애종사께서 시교당 명칭을 동일(東一), 서광(西光), 남선(南善), 북성(北成)으로 지정 호칭케 하였음)

교구 설치

총본사: 청호, 고경각 권설

동도본사: 북간도 왕청현(서일 백포종사)

서도 본사: 중국 상해(애관 신규식 도형, 석오 이동녕 도형)

남도 본사: 경성(호석 강우 도형)

북도 본사: 노령 산학령(이상설 선생)

(남도 본사는 계동, 간동, 신당동 등 여러 곳으로 이동하다가 일제의 탄압으로 인하여 1930년 문을 닫게 됨)

개천 4371년(1914년) 6월 9일 총전리 호석 강우 도형을 대송(代送)하여 천산(백두산)을 봉심하고 제천의식을 봉행케 함

개천 4371년(1914년) 10월 3일 개천절 행사, 청호에서 제천의식 봉행

개천 4371년(1914년) 10월 5일 청호 총사에서 고령사(古靈祠) 제례를 행하고 숭조보본의 정신을 드높임

개천 4372년(1915년) 정월 14일 서울 남도본사로 귀환하심

개천 4372년(1915년) 10월 1일 일제의 '종교통제령' 공포에 따라 동년 12월 21일 '신교 포교 규칙'에 의한 신청서를 접수하였으나 각하됨. 이후 "대종교는 종교 유사단체"로 규정하고 종교로 불인정하고 박해를 가하

고 집회, 설당을 불허함. 교주 이하 주요 간부들은 상시 미행하고 감시당함

개천 4373년(1916년) 정월 10일 '밀고(密誥)' 3장을 묵수함

개천 4373년(1916년) 4월 13일 천궁 영선식을 거행(김헌, 서일, 최전 참례)하여 무원종사를 차기 도사교로 임명함

개천 4373년(1916년) 7월 15일 남도 본사에서 교우들과 서치례(序齒禮)를 행함.

개천 4373년(1916년) 8월 4일 구월산 삼성사 봉심을 위하여 경성역 출발.(시봉자 6명 대동 – 상교 김두봉, 지교 엄주천, 참교 안영중, 참교 김서종, 참교 나주영, 참교 나정수) 8월 5일 아침 사리원역에 도착, 대기 사진관에서 기념 촬영을 하심

개천 4373년(1916년) 8월 15일 순명조천(殉命朝天)함(가경절)

개천 4373년(1916년) 8월 25일 경성에서 화장식 거행.

개천 4373년(1916년) 9월 1일 남도 본사에서 대종사, 신형 추승 상호식 거행.

개천 4373년(1916년) 11월 20일 유언에 의해 천산 동북록 청파호 단산에 신형 유해 봉장(아들 5형제 – 정련, 정문, 정채, 정강, 정기)

一. 나는 죄가 무겁고 덕이 없어서 능히 한배님의 큰 도를 빛내지 못하며 능히 한겨레의 망케 됨을 건지지 못하고 도리어 오늘의 업수임을 받는지라. 이에 한 오리의 목숨을 끊음은 대종교를 위하여 죽는 것이다.

一. 내가 대종교를 받든 지 여덟 해에 빌고 원하는 대로 한얼의 사랑과 도움을 여러 번 입어서 장차 뭇 사람을 구원할 듯하더니, 마침내 정성이 적어서 갸륵하신 은혜를 만에 하나도 갚지 못할지라. 이에 한 오리의 목숨을 끊음은 한배님을 위하여 죽는 것이다.

一. 내가 이제 온 천하의 많은 동포가 가달길에서 떨어지는 이들의 죄를 대신으로 받을지라. 이에 한 오리의 목숨을 끊음은 천하를 위하여 죽는 것이다.

- 홍암 나철이 1916년 자진순명(自盡殉命)할 당시 남긴 〈순명삼조(殉命三條)〉 유서 전문 -

02

부 록

단애 윤세복에 대한 연구

이 논문은 본연구소의 논문집인
《국학연구》 제18집(김종성, 국학연구소, 2014)에
실린 글을 전재한 것이다.(각주는 생략)

단애 윤세복 종사 존영

단애 윤세복에 대한 연구

– 대종교 참여 이후의 활동을 중심으로 –

김종성(호서대학교 특임교수)

1. 머리말

대종교 제1세 도사교(교주) 홍암 나철과 제2세 도사교 무원 김교헌 그리고 도사교를 지내지는 않았지만 종사로 추대된 백포 서일은 모두 일제 치하에서 민족정신의 함양과 독립운동에 헌신하다 조국의 광복을 지켜보지 못하고 돌아가신 분들이다. 그러나 제3세 도사교 단애 윤세복은 대종교의 초기활동부터 해방될 때까지 일제치하를 망명지 이국땅에서 의롭고 처절한 투쟁으로 일관해 온 형극의 길을 걸으신 분이다. 선생의 생애는 파란만장한 인생의 한편의 드라마이면서 동시에 민족 통한의 역사를 대변해 온 삶을 살아왔다고 볼 수 있다.

1911년 만주 회인현(1914년에 환인현으로 바뀜)으로 망명한 그는, 대종교 정신으로 동창학교를 세우고 신채호·박은식 등과 민족교육을 실천했다. 윤세복은 1914년 일제의 탄압에 밀려 무송현으로 이주한 후에도, 20여 개의 소학교를 설립하여 교학일여(敎學一如)·전교건학(傳敎建學)의 이념을 행동화했으며, 흥업단·대한국민단·광정단·독립단 등의 독립운동 전초기지들을 연이어 구성함으로써, 7천여 명의 대종교도들을 확보해 갔다. 1923년 제3세 교주로 취임한 후에는 만주지역 대종교 포교 금지령(1926년)이라는 후유증에도 불구하고 백산 안희제 등과 함께 발해농장 건설에 앞장섰다. 또한 대종학원 설립(1936년)과 더불어 많은 양의 대종교 교리·교사 서적들을 간행(1939년)케 함으로써, 종교적 토대를 확고히 했다.

그러므로 단애 윤세복의 생애는 일제 강점기 우리 민족이 겪었던 처절함 그 자체였고 그가 느낀 고통은 당시 민족의 지도자, 지식인들이 겪었던 공통된 양상이었다. 그러므로 윤세복의 생애를 음미해 봄은 오늘날 역사인식의 부재 속에 살고 있는 우리들의 귀감이 될 것이며, 이런 인물들의 희생 위에 현재의 우리가 존재한다는 냉철한 성찰의 기회가 된다는 점에서 의미가 있을 것이다.

2. 대종교 입교

윤세복은 1881년 3월 29일, 경남 밀양군 부북면(府北面) 무연리(舞鳶里) 내일동(內一洞) 318번지에서 가선대부(嘉善大夫)를 지낸 윤희진(尹禧震, 1841~1897)의 차남으로 태어났다. 본관은 무송(茂松)이며, 본명은 세린(世麟), 자는 상원(庠元)이다. 22세까지 한학을 수학하고 사서삼경의 유학을 공부하였다. 23세 되던 해부터 6년 동안 고향인 밀양읍에 있는 신창소학교와 대구에 있는 협성중학교에서 교사로 재직하면서 교육활동에 종사하였다.

협성학교의 설립취지는 세계에 열린 명백한 기력과 정신을 백성의 뇌수에 주입시키고자 함이었다 한다. 이것이 후에 만주에서 독립운동을 하면서 학교를 설립하고 인재를 양성하는 밑거름이 되었다. 또한 윤세복은 대구에서 1908년 9월에 결성한 달성친목회의 하부조직인 청년체육구락부(靑年體育俱樂部) 발기인으로 활동한 흔적도 보인다. 달성친목회는 친목회를 위장한 계몽운동단체로서 국권회복운동을 전개하였고, 회원들의 성격은 대구를 중심으로 한 주변지역의 신사상과 신학문을 수용한 근대적 지식인들로 결성되었으며 상업 활동을 통해 현실에 참여하였다.

윤세복의 민족 활동은 1909년 비밀청년운동 단체인 '대동청년단'에 가입하면서 더욱 본격화 된다. 대동청년단은 일제 36년과 해방 후 오랜 시기까지도 정확한 내막이 밝혀지지 않을 정도로 치밀하고 완벽한 조직으로서, 17세부터 30세 미만의 청소년 80여 명으로 조직된 단체였다. 지금까지 조직원 80여 명이 완전히 밝혀진 것은 아니지만, 당시 단원이었던 윤병호(尹炳浩)의 메모에 기록되어 있는 53명의 명단을 보면

"安熙濟, 李元植, 南亨祐, 尹世復, 徐相日, 尹顯振, 李浩然, 張建相, 尹炳浩, 李逢榮, 李慶熙, 崔秉贊, 尹璟滂, 車秉轍, 白光欽, 李克魯, 金甲, 朴永模, 尹相泰, 嗚尙根, 金思容, 徐世忠, 申伯雨, 朴重華, 申性模, 申八均, 閔橿, 崔胤東, 宋銓度, 金觀濟, 崔浣, 裵天澤, 申相泰, 郭在驥, 金弘權, 李範英, 李炳立, 朴洸, 徐超, 金鴻亮, 崔仁煥, 金東三, 金三, 高柄南, 金奎煥, 金泰熙, 林玄, 南百祐, 金箕壽, 申采浩, 李時說, 高順欽, 李學洙, 李祐植."

등이다.

　그러나 단규(團規)에도 나타나듯이 철저한 비밀 활동을 원칙으로 하는 이들의 활동사항이 체계적으로 기록된 곳은 극히 드물다. 특히 어떠한 특정집단에, 단원 중 여러 명의 활동흔적이 발견되는 예는 전무한 상태다. 그런데 대종교의 기록에는 공교롭게도 대동청년단원 중 10여 명이 넘는 인물들이 등장한다. 물론 그들의 활동내용(특히 日帝下의 활동)이 구체적으로 기록된 것은 아니지만 비교적 정확하게 적혀 있다. 이것은 윤세복과 안희제 그리고 대동청년단원들과의 밀접한 관계를 나타내는 것으로, 백산이 일찍부터 대종교와 관계하고 있었음을 암시하는 것이기도 하다. 이러한 추측은 안희제가 1930년대 만주 밀산 방면에서 종교인으로 가장(仮裝)하고 있을 때, 대종교총본사를 동경성으로 옮기게 하는 한편 동만주의 목단강 · 영안 · 동경성 · 해림 및 간도 각지를 순방하며 종래의 대동청년단을 강화시키기 위해 대종교의 간부, 농민, 간도성내의 한인학교(韓人學校) 교사들을 가입시키는 공작을 진행했었다는 증언을 보더라도 가능하다. 대동청년단이 곧 대종교의 비밀결사였기 때문이다.

　대동청년단원들 중에서 대종교의 입교시기가 가장 빠른 인물은 윤세복이다. 그의 나이 30세 때인 1910년 12월 25일 · 27일 · 29일 3일간 경성 간동으로 단군신앙을 일으킨 홍암 나철을 방문한다. 그리고 나철의 국수망이도가존(國雖亡而道可存:나라는 비록 망했으나 정신은 가히 존재한다)이라는 말에 감명을 받고 29일 대종교에 입교한 인물이다. 그는 대구에서 대동청년단 활동을 하다가 정치의 중심지인 서울로 올라왔다. 그리고 보다 적극적인 항일활동을 계획하였으나 1910년 일제에 의해 조국이 강점당하자, 이에 굴하지 않고 강력한 항일민족독립운동단체를 모색했다.

그러던 중 종교적인 단체의 성격을 띠면서 우리 고유의 민족종교로 무장한 대종교에 입교하는 것만이 가장 효과적인 항일투쟁의 방법이라 확신하고 1910년 12월 대종교에 입교하였다.

윤세복이 대종교의 신앙을 갖게 된 것은 국조인 단군을 모신 민족고유의 종교라는 점에도 있었지만 무엇보다도 일제의 침략으로부터 국권을 회복하고 근대적인 민족자주독립국가를 건설하는 데는 대종교보다더 나은 가치가 없다고 판단한 것이 그의 믿음이었다. 윤세복의 대종교입교는 대동청년단이 발족된 지 1년여 만의 일로써, 후일 안희제를 비롯한 대동청년단원과 대종교의 관계에서 윤세복의 역할이 지대했음을 시사하는 것이기도 하다.

안희제 외에도 여러 명의 대동청년단원 이름이 대종교의 기록에 언급되고 있다. 이것은 대종교가 중요한 기록들을 임오교변 당시 모두 압수당했음에도 불구하고 남아 있는 기록이라는 점에서 의미가 크다. 대종교의 기록에 남아 있는 대동청년단원들의 명단을 보면, 안희제를 위시하여 이극로 · 이원식 · 이경희 · 이시열 · 신백우 · 안호상 · 신채호 · 서상일 · 배천택 · 이범영 · 신성모 · 차병철 · 윤병호 · 김사용 등 나타난 기록만으로도 10여 명이다.

윤세복은 자주적 성향이 강한 정신적 소유자였으므로 외래에서 전래된 기존의 종교에 대해서는 부정적인 견해를 가지고 있었다. 그래서 민족 자생의 종교, 더욱이 한민족의 시조인 단군을 받드는 종교가 그에게는 일제 식민지라는 시대적 배경과 부합되어 상당한 매력으로 다가왔다. 윤세복이 홍암 나철을 방문하여 대종교의 취지와 목적, 시국에 대하여 진지한 대화를 나누는 장면을 대종교 경전에 다음과 같이 적고 있다.

"홍암대종사는 내가 경술년 마지막 무렵 간동에서 처음 뵈었다. 12월 23, 25, 27일 사흘 밤을 홀로 모시고 역사와 대종교와 시국에 대한 교훈을 감격하게 들은 뒤에 '단애(檀崖) 윤세복(尹世復)'의 새호와 이름을 받고 대종교를 신봉하게 되었다."

이렇게 윤세복은 나철로부터 깊은 감명을 받고 본명 세린(世麟)을 버리고 홍암 선생으로부터 받은 단애(檀崖)라는 호와 세복(世復)이라는 이름을 받고 대종교의 길을 걷게 된다. 그리고 다음 해인 1911년 1월에는 참교(參敎)의 교질을 받고 시교사(施敎師)로 임명되어 서간도 지역의 포교를 담당하게 되었다. 이는 당시 국내의 상황이 일제의 감시와 감독으로 포교 여건이 매우 어려운 시기로 판단되었기 때문이다.

3. 대종교 입교 후의 활동

만주 환인현에 거처를 정한 윤세복은 우선 학교를 설립하여 후세들에게 단군사상을 교육하고 민족의식을 고취함으로써 조국의 독립을 보다 빨리 달성할 수 있을 것으로 생각하였다. 그는 형 윤세용과 사재를 털어 독립운동을 성공적으로 전개하기 위해서는 회인현(懷仁縣, 1914년부터 桓仁縣으로 바뀜) 성내에 서간도의 신흥무관학교와 대등한 항일독립군 양성학교로서의 학교 설립이 절실하다고 느낀 것이다. 한편 우리나라의 무궁한 발전과 국권회복을 기약한다는 취지에서 교명을 '동창(東昌)'이라 정하였으며, 공식 명칭은 동창학교(東昌學校), 동창소학교(東昌小學校), 동창강습학소(東昌講習學所)로도 불렸다. 동창학교의 취지는, 대종교의 역사인식을 통한 목표지향과 일치하는 것으로,

- 172 -

"한민족의 선조는 白頭山麓에서 나와 中華民族과 大和民族은 그 가지
에 불과한 까닭에 우리들은 노력하여 국권을 회복하여 夫餘民族과 부
여국의 독립발전을 도모"

하는 데 두었다.

당시 동창학교 교장은 자신과 함께 망명한 이원식(대종교에서는 李東廈
라고도 함-필자 주)이고, 교사로는 김규찬·김동석·김진(김영숙) 등이며,
이후로는 이극로·신채호·박은식 등이 교사로 일하기도 하였다. 당시
학교에 재학 중인 학생들의 경제 형편은 대단히 어려웠으며 넉넉한 재
산을 갖고 있던 선생은 학생들의 기숙비, 피복피 등을 감당해 주었고 심
지어는 가족들의 생계비까지 보조해 주었다. 또한 동창학교에서는 교수
일람표에서 나타나듯이 3개 반으로 나누어 주 6일간, 토요일의 3시간을
제외하고는 하루에 5시간씩 교수하였다.

교과목으로는 역사·국어·수신·한문·작문·지지·습자 등을 비
롯하여 이과·산술·창가·도화까지 있었음을 알 수 있다. 특히 역사
교재는 『초등대동역사』, 국어교재는 『초등소학교독본』을 사용하였다.
1915년 현재 동창학교의 교장은 이동하, 교사에는 김규환과 김동석 2명
이 있었으며, 학생 수는 6세 이상 15세 이하의 27명으로, 흑색의 교복에
모자를 썼다. 동창학교의 교과과정은 나이에 따라서 유년반, 제1급반, 제
2급반으로 나누었다. 그러나 학급별로 수업시간은 매주 28시간씩으로
동일하였다. 유년반에서는 국어와 복습, 그리고 습자·체조·창가·산
술·수신만을 가르쳤으며, 제1급반과 제2급반에서는 수신(1: 시간수, 이
하 같음), 지지(2), 역사(3), 한문(2), 국어(2), 작문(2), 산술(4), 이과(2), 체조
(4), 창가(2), 도화(2), 습자(2)를 같은 시간씩 수학하였다.

한편 동창학교의 강의실은 대종교의 교당을 적극 활용하였다. 대종교
가 교육을 특히 중시하였던 것은, 전교건학(傳敎建學) 즉 교육을 통한 대
종교의 포교가 곧 민족의식의 고양과 연결되고 나아가 독립사상고취를
통한 항일투쟁과 직결되는 것이었기 때문이다. 그러므로 대종교의 교당
이 곧 학교인 동시에 독립운동기지로써, 이러한 삼위일체적인 정신적 배
경이 항일투쟁의 발판이 되었고 나아가 군교일치(軍敎一致)로 무장된 투
철한 정신집단을 만들 수 있었다.

　　그러므로 당시 환인 지역에서 윤세복의 신망은 대단했다. 다음 일제
의 문서를 보자.

　　　"회인현(懷仁縣)에 있어서 이주한 조선인의 호구(戶口) 및 불령선인
　　　(不逞鮮人)의 행동에 관하여 다음과 같이 고함 - 올해 4월 회인순경
　　　국(懷仁巡警局)에서 10호 이상의 집단 이주 조선인의 호구 조사에 따
　　　르면 호수는 1670호, 인구는 약 1만 50명이다. 윤세복 및 이석대(李碩
　　　大)의 2명이 두목으로서, 지금 회인성(懷仁城)안에서 조선인 학교를
　　　운영하며 신필수(申必秀)는 현재 대아하(大雅河)에 거주하고 있고 최
　　　우림(崔雨霖)은 여행 중에 있다. 이주 조선인의 회합하는 동안에 지
　　　금과 같은 4명 외에 윤덕배(尹德培)는 집안(輯安)으로부터, 김홍경
　　　(金洪京)은 흥경(興京)으로부터, 이시영(李始榮)은 유하진(柳河鎭-
　　　유하현)으로부터 각 지방에 이르는 이주 조선인의 대표자로서 출석을
　　　하고 있으며, 평상시에도 취신(就申) 이시영을 회장으로 칭하고 있
　　　다. 일반회집자(一般會集者-그 모임에 나오는 사람들)에 대해서는 명
　　　령을 내리고 있다. 또한 올해 4월 대아하의 산중에는 조선인의 다수
　　　(4,000명 정도라고 하지만 의심스러운 점도 있다)가 집합하여 무언가
　　　회의를 하는 장소가 있다고 하면 회인순경국(懷仁巡警局)에서 해산을
　　　명령할 것이다."

이 문서는 회인순경국(懷仁巡警局)에서, 그들과 친한 밀정이 말한 것을 정리하여, 일제의 육군대신과 외무대신, 참모차장과 헌병사령관 등등에 게 보고한 것이다. 윤세복이 이석대와 더불어 이 지역 조선인들의 수장 임을 알 수 있으며, 회인현을 거점으로 모종의 결집을 도모하고 있음도 확인된다.

동창학교가 항일민족독립정신의 바탕 위에 단군을 모시는 민족종교 인 대종교의 종립학교로서 날로 발전해 가자, 일제는 중국 관헌에 외교 적으로 항의하여 동창학교의 폐교를 시도했다. 마침내 중국동북 군벌정 권은 1914년에 동창학교에 대하여 폐지령을 내렸고, 아울러 윤세용, 윤 세복 형제와 학교 교사들의 축출령까지 내렸다. 그러므로 윤세복은 환인 현에서 동창학교가 폐교되어 다른 지역으로 이동하지 않으면 안 되었다. 윤세복이 무송현으로 이동하게 된 지접적인 이유였다. 무송현으로 이동 한 윤세복은 다시 백산학교(白山學校)를 설립하여 민족교육의 고삐를 놓 지 않았다. 아울러 그는 공심연(公心淵) 등, 대종교인들을 중심으로 흥업 단(興業團)이란 무장독립운동단체를 조직하여 항일운동을 전개한다.

윤세복 일행이 이주한 무송현 백두산 기슭은 수목이 울창한 삼림 속 이었다. 이는 이곳을 근거로 독립군을 양성하여 무장투쟁을 준비하고자 하였기 때문이었다. 윤세복은 무송현으로 이동하여 전성규와 함께 먼저 백산학교를 설치하여 운영하고 본격적인 독립운동을 위한 군사교육과 민족교육을 전개하였다. 이 백산학교에는 이극로, 윤필한, 이순필, 신성 모 등이 반사반도(半師半徒)의 겸역(兼役)으로 활동하였으며, 하절기에는 백두산 봉심과 밀림지대 사격연습을 하였다. 교육내용도 국어, 국사 교 육은 물론 대종교에 관한 교육을 실시함으로써 민족의식을 고취하였다.

그러나 여기에도 일제의 감시가 그치지 않았다. 1915년 봄 일제의 사주를 받은 중국 관헌들에 의해 윤세복과 큰아들 윤필한, 그리고 전성규을 비롯한 30여 명의 독립운동가들이 일본인 살인 혐의로 체포된 것이다. 이 사건은 무송현뿐만 아니라 만주지역에서 활동하던 독립운동가들에게 큰 충격을 주었다. 그리하여 조성환, 신규식 등 북경과 상해 등지에서 활동하던 대종교의 동지들이 윤세복 일행의 석방을 위해 백방으로 노력하였고, 그 결과 18개월 간의 옥고를 치른 끝에 출옥할 수 있었다.

1919년 3월 무송현에서 조직된 흥업단 역시 윤세복의 인식을 구체적으로 실현한 독립군 단체였다. 재만 동포들의 경제력을 향상시키고 독립운동 자금을 마련하기 위하여 산업 진흥에 노력하는 한편, 항일 무장 투쟁을 전개하고자 조직한 것이었다. 각 현(縣)에 지단을 설치하고 도만(渡滿)하는 청년들을 모집하여, 당시 단장 김호가 경영하는 백산학교(白山學校)에 보내는 한편, 국내에서 군자금을 모집하는 등의 항일독립운동을 전개하였다. 윤세복이 총무를 맡던 흥업단의 주요 지도부는 단장에 김호, 부단장 김혁(金赫), 재무 이원일, 경호 오제동(嗚濟東), 교섭 김성규(金星奎) 등으로 구성되었다. 또한 병농겸행(兵農兼行)의 시책으로 각처에 지단과 지부를 설치하였는데, 단원은 약 200명 정도였다. 흥업단의 주요 인물들도 대부분 대종교 교도들로, 그 해 12월 서일을 총재로, 김좌진을 사령관으로 하여 결성된 북간도 제일의 독립군 조직인 북로군정서와 유기적인 관계를 갖고 있었다. 그것은 두 단체 모두 대종교 교도들이 중심을 이루고 있었기 때문이었다. 이후에도 윤세복은 몽강현, 무송현, 안도현 등에서 초등학교 20여 개소를 설립하여 민족교육을 실시와 함께 대종교 포교에 심혈을 기울였으며 중국인들과 친선 도모에도 힘을 썼다.

이 시기 윤세복의 활동으로 주목되는 것이 「대동단결선언(大同團結宣言)」과 「무오독립선언」에 참여다. 이 두 선언은 대종교인들이 주도한 것으로, 상해와 만주 독립운동의 의기를 다지는데 중요한 외침이 되었다. 1917년 7월 윤세복은 대종교의 핵심인물인 박은식 · 신채호 · 조성환 · 홍명희 · 조소앙 등과 참여하여 14명의 명의로 「대동단결선언」을 발표한다. 이 선언의 내용을 보면, 대동단결의 필요성 · 국내동포의 참상 폭로, 해외동포의 역할, 당시의 국제환경, 대동단결의 호소 그리고 제의의 강령으로 엮어져 있다. 특히 주목을 끄는 부분은 마지막 제의의 강령부분에서, 기존의 해외독립운동단체나 개인이 모여 회의를 거쳐 대헌(大憲)을 제정하여 법치주의에 입각해 통일된 최고기관(정부)을 조직하자는 내용이다. 물론 이러한 제의가 즉각적인 결실을 맺은 것은 아니지만, 이러한 주장은 신한혁명단의 망명정부구상을 계승한 것으로 후일 상해임시정부수립의 이론적 기반을 제공한다는 점에서 의미가 크다. 더불어 이 선언 본문의 마지막 연호를 '단제기원(檀帝紀元)'을 사용하고, 안창호에게 이 선언의 동의를 구하는 글 말미에는 '단제건기(檀帝建紀)'를 적시함으로써, 대종교적 정서를 강하게 드러냈다.

또한 윤세복은 1918년(무오년) 11월(음력) 만주 길림에서 발표된 「대한독립선언서(일명 무오독립선언서)」에도 참여하면서, 단군대황조의 이념에 기초한 민주공화제와 독립전쟁론을 지지하며 더욱 독립운동의 역량의 결집을 위하여 노력하게 된다. 만주 무장항일운동의 중요한 지침으로 작용한 「무오독립선언서」는 대종교도들이 중심이 되어 발표한 이 선언서의 내용은 대종교적 정서를 반영한 무장혈전주의를 그대로 드러냈다. 먼저 이 선언은 대종교의 중광의 헌장인 「단군교포명서」에서 연유된 단군대황조(檀君大皇祖)에 원(願)하고 맹세하는 내용이다. 또한 자주독립쟁취의 방법으로써 평화적 협상이나 외교적 노력이 아닌, 우리 독립군의 힘과 피로써 빼앗긴 조국을 되찾아야 함을 다음과 같이 천명하고 있다.

> "일어나라 독립군 일제히. 독립군은 천지를 강(鋼)한다. 일사(一死)는 사람의 면할 수 없는 바이므로 개·돼지와도 같은 일생을 누가 순도(苟圖)할 것이냐? 살신성인(殺身成仁)하면 2천만 동포는 동체(同體)를 부활할 것이다. 일신(一身) 어찌 아낄 것이냐?"

그러므로 이 선언서에 담긴 항일독립운동의 방략은 완전한 자주독립과 항일무장독립전선에 있으며 이후 재만 한인독립운동의 행동지침을 제시한 헌장이 됨은 물론, 재만 항일독립운동 단체인 중광단과 정의단의 군정부(軍政府)·북로군정서·신민부 등으로 맥락을 이어가는 행동지침을 제시한 이념과 사상이 되었다고 할 수 있다. 더불어 이것은 대종교 항일운동의 중요한 정신으로써, 윤세복 삶의 지향과도 그대로 일맥하는 것이었다.

4. 대종교 도사교로서의 활동

이러한 고난 속에서도 윤세복은 대종교의 교세 확장에 심혈을 기울였다. 그 결과 무송현, 안도현, 화전현, 반석현에 교당을 설치하고 7,000여 명의 교우를 확보하는데, 1922년 6월 5일에는 대종교 서일도본사 전리(典理)에 임명되었다. 그리고 대종교 시교 활동과 독립운동을 전개하고 있던 중, 1923년 화전현에서 '상교 윤세복을 사교로 초승(超昇, 교질을 한

단계씩 오르지 않고 2단계 이상을 뛰어 오르는 것을 말한다)하고 경각(經閣, 대종교의 최고 책임자인 도사교가 집무하는 곳으로, 현재는 大一閣이라 부른다)의 인장을 맡긴다'(尙敎 尹世復 超昇 司敎 委任 經閣 符印)란 제2세 도사교인 무원 김교헌 선생의 유명을 받들고 제3세 도사교에 취임하게 된다. 대종교의 3세 교주가 된 것이다.

대종교의 책임을 맡은 윤세복은 1924년 3월 16일에 영안현 남관(南關)에서 의회를 소집하고 교정 쇄신에 의한 대종교 홍범규제(弘範規制)의 개정(改正)했다. 당시 개정의 중요한 내용은, 종전 시의(時宜)에 부적한 점을 중심으로 최고의결기관인 교의회의 규제화를 비롯하여, 경각의 자문기관인 경의원(經議院) 제도를 신설했다. 또한 지방의회인 도의회, 당의회의 신규제와 사내(司內) 교무의결기관인 직원회의 새로운 규제를 마련하여, 대종교의 의정을 쇄신하고 연구기관인 종리연구실을 신설하는 동시에 순교원 및 시교원의 직제를 별정하여 포교선도에 원활을 기하였다. 그리고 총사(總司)의 삼전실(三典室) 및 도본사의 삼선제(三宣制)를 새로 만들어 삼무(三務) 분립의 교정(敎政)을 확립하였다.

홍범규제의 개정과 더불어 이 회의에 부쳐진 주요사안은, (1) 전 도사교였던 고(故) 김교헌과 전리(典理)를 맡았던 고 서일에 대한 경칭(敬稱) 문제, (2) 홍범규제의 개정에 관한 문제, (3) 총본사를 간도 용정촌으로 이전하는 문제, (4) 교주 선임에 관한 문제, (5) 기타 비밀에 속하는 문제 등이었다. (1)항에 대해서는 두 사람 모두에게 교종(敎倧)의 경칭을 부여하기로 의결하고, (3)항에 대한 결정을 유보하였다. 영안이 교통이나 기타 관계 상 불편하다는 이유로 제기된 안건이었지만, 당시 윤세복이 압록강 지역에서 독립운동 관계로 주목되고 있다는 이유로 내린 결정이었으며, (4)항과 관련된 결정은, 앞으로의 교주 선출은 교우회(敎友會, 교의회)에서 공선하기로 하였다.

영안은 북만 일대 한인사회의 중심지로 역사적으로는 영고탑이라 불렸다. 북만 지역 민족·사회 양운동의 책원지이며 중심지로, 1920년 9월 대종교의 제 2대 교주였던 김교헌이 자리잡은 곳이며, 대종교의 중진이었던 김좌진의 신민부(新民府)의 활동지역이기도 했다. 당시 김교헌은 1923년 11월 영안에서 죽기 전까지 영안 주위 한인촌을 상대로 열심히 포교하여 5처에 시교당을 설립하였다. 그리고 1922년 4월 김교헌은 대종교의 총본사를 북간도 청파호로부터 영안 남관으로 옮겼다.

1910년대 영안 주위에 이주한인사회가 형성된 다음 가장 먼저 이 지역에 찾아와 민족운동을 일으킨 세력은 대종교였다. 대종교는 1920년대 영안과 동경성을 중심으로 계속 포교활동에 힘썼고 위쪽으로 밀산(密山), 목릉(穆稜)에까지 그 포교지를 넓혔는데 1929년에는 교도가 2만 명이나 되었다. 영안에 대종교가 자리를 잡자, 1924년 4월 동빈(同貧, 오늘날의 地名으로 延壽)에서 일어난 대한군정서(大韓軍政署) 세력들은 영안에 와서 대종교 교당을 빌려 연합회 총회를 개최하였고, 결의에 따라 동빈(에서 중동선(中東線)을 타고, 동쪽으로 그 본거지를 옮겼다. 그들은 이주 한인들이 많이 거주하는 영안으로 입성하고자 하였다. 또한 동녕(東寧)에서 일어난 대한독립군단도 서행(西行)하여 영안으로 들어왔다. 양대 세력의 주도권은 모두가 대종교도가 장악하고 있었으므로 이들은 영안을 중심으로 하였고, 또한 각 지역의 민선대표들을 모아 1925년 3월 10일 신민부(新民府)를 출범시킨 것이다.

영안 지역에는 대한군정서를 이끌었던 조성환, 현천묵, 김규식 등은

이 시기에 영안에 이주하여 영고탑 대종교 교당에 자리 잡았다. 또한 김좌진도 독립군단내에 옛날 군정부(軍政府) 출신이며 대종교도였던 박두희, 이장녕, 윤보영, 남성극 등을 이끌고 동녕 지역에서 영안으로 근거지를 옮겼다. 김좌진은 역시 영안의 대종교 밀강시교당의 전무(典務)인 최호와 대종교 중진 유현의 도움을 받아 영안에 입성하였다. 그리고 신민부는 1925년 3월 창립된 이후 1926년 9월 영안에서 신안진으로 그 본부를 옮기고, 영안 시내에는 대종교 총본사가 위치한 남관에 연락처만 두었다. 또한 1925년 5월 조선 공산당 만주 총국이 영안에 설치되자 이에 대한 대응으로 신민부는 9월에 한국귀일당(韓國歸一黨)을 만들어 영고탑에 그 본부를 두었다. 신민부도 정당을 통한 운영을 시작한 것이다. 독립운동 전선에서 좌우 합작이 시도되고 신간회 운동이 태동되었던 분위기와 일치한다. 한국귀일당은 그 본부를 영안 영고탑에 두었고, 당원은 1천여 명에 달하였다. 북만 대종교인들이 그 구성의 핵심이었다. 김좌진, 정신, 유현, 신영빈, 장준걸, 조관 등이며, 귀일(歸一)의 의미는 한민족 모두가 정파를 떠나 한배검(한배, 檀帝) 단군을 모시는 일민(一民)으로 돌아간다는 의미로, 모두가 단군정신으로 돌아간다는 의미였다. 당시 한국귀일당(韓國歸一黨)은 윤세복을 정점으로 김좌진, 정신, 유현 등이 주도하였으며, 우리는 모두 일민족(一民族)으로서, 단군을 모신다는 대종교적 민족주의를 뚜렷이 했다.

　이렇듯 대종교의 교세가 확장되면서도 주변 상황은 더욱 녹록치 않게 변해 갔다. 이 시기 신민부와 대종교의 제일 중요한 거점인 영안에 1926년 5월 조선공산당 만주총국이 설치된 것이다. 윤세복은 사면초가였다. 종단 내부의 불안감은 물론, 분파주의자, 일본영사관, 친일파, 중국관헌,

나아가 조선공산당 만주총국세력과 싸우지 않으면 안 되었기 때문이다. 그럼에도 윤세복은, 북만에 거주하는 40만 이주 한인들의 머릿속에 독립사상의 고취와 대종교적 민족사상을 견실하게 주입시키는 일을 늦추지 않았다. 그는 각 처 시교당을 순회하면서 수시로 순회강연을 실시하였고, 신민부에서 순간(旬間)으로 발행하는 『신민보(新民報)』에도 기고하였다. 『신민보(新民報)』의 보급과 대종교시교당의 민족사상 강연회는 북만 각처 이주 한인들에게 민족사상과 무장 투쟁 노선의 이념 전파에 중요한 역할을 하였다.

일제는 1925년 중국과 미쓰야협정(三矢協定)을 체결하였다. 이후 중국 당국은 대종교를 불법단체로 규정하고 1926년 포교금지령(布敎禁止令)을 내렸다. 서일이 대종교도로서 일제에 항전했다는 것이 주요 이유였다. 대종교가 총본사를 북만 영안으로 옮긴 후 맞이하는 제일 큰 위기였다. 1927년 제 6차 교의회가 소집되어 당분간 총본사를 밀산 당벽진으로 이동하기로 결정한다. 이 시기 북만 각 지역에는 친일파 세력이 자리잡고 있었다. 중동 철도가 발전하면서 일제 영사관과 조선인 민회(民會)의 친일세력이 등장했다. 또한 보민회, 권농회, 시천교, 청림교, 제우교 등 친일단체가 활동하였다. 대종교 세력과 신민부 세력은 제일 먼저 이들과 싸워야 했다. 또한 북만 지역은 적기단, 북만청년총동맹 등 공산 세력의 본거지기도 했다. 영안, 아성, 상지 등에 본부를 두고 이들은 대종교와 신민부 등 민족운동 세력을 분열시키고 파괴하는 일을 자행했다. 더구나 하얼빈의 일본 영사관은 해림에 밀정을 파견하여 윤세복을 감시했다. 윤세복은 북만으로 와서도 자유롭지 못했다. 그가 1911년 망명해서 1942년 임오교변으로 감옥에 갈 때까지 언제나 밀정에 의해 감시당하고 미행당한 것이 그의 일상이었다. 마침내 대종교는 포교금지령을 당해 영안에서의 활동을 접을 수밖에 없었다.

1928년 1월 16일 영안현 해림에서 소집된 제6회 대종교교의회의 결의로 포교금지령 해제 시까지 총본사를 당분간 밀산현 당벽진으로 이전하기로 하여, 윤세복은 당시 총본사 전리(典理)인 은계 백순에게 영안현 해림에 머물러 있으며 각 지방과의 연락 사무를 담당케 하고 밀산으로 총본사를 옮기었다. 밀산으로 이전한 후 대일시교당에 임시 총본사를 정하고 대종교 재기를 위한 다각적인 노력을 기울이게 된다.

대종교 세력이 북만으로 옮겨 거점을 잡은 밀산 역시 독립운동의 성지였다. 일찍이 밀산에 무관학교(武官學校)를 세우겠다는 꿈은 1910년 4월 청도 회의에서 결정되었는데, 이는 신민회의 독립 전쟁론에 입각한 중대 계획이었다. 1910년 이상설과 이승희(李承熙)는 한흥동을 개척, 이주 촌을 만들면서 봉밀산자 무관학교를 세웠고, 홍범도는 1914년에 이곳에서 교관으로 활동하였다. 한흥동 마을을 개척하기 위하여 이승희는 교통이 불편하던 그 시절에 독립운동의 기지를 세우겠다는 일념 하나로 블라디보스토크에서부터 천리 길을 답사하였고, 봉밀산하 45만 평의 토지를 사들여 한흥동 마을의 기초로 만들었다.

한국을 일으킨다는 의미의 한흥동 마을은 바로 독립운동을 하겠다는 의지와 직결된다. 또한 미국에 있는 대한국민회에서도 정재관으로 하여금 한흥동 부근의 땅 2,400에이커를 사들여 이주 한인촌 형성에 일조하였다. 이렇게 형성된 한인촌 '백포자'에는 신한국민회(新韓國民會)가 조직되어 교육과 산업면에서 활동을 시작하였고, 후에 기독교의 교회와 대종교의 교당이 각각 설립되어 이주 한인들을 정신적으로 지도하였다.

1915년에 북만일대에서 독립운동 기지로 활발히 움직였던 곳으로는 영안, 목능 그리고 송화강 남쪽의 밀산, 요하 등지였다. 중동철도를 이용한 이주길이 열리면서 밀산으로의 이주는 활발해졌고 목릉 팔면통과 영안, 목단강 등지에서 수전이 성공하자 그 여파는 밀산에까지 미쳐 흥개호 주변의 수로와 하천을 이용한 수전 농업이 크게 일어났다.

한편 청산리대첩 이후 북정(北征)에 참여한 독립군은 1921년 1월 밀산에 모여 항일 무장단체의 통합을 이룩하였다. 총 인원 3천여 명의 대한독립군단(大韓獨立軍團)의 결성으로 1920년대 독립운동은 큰 전환을 이룩하였다. 그간의 숙원이었던 항일 무장단체의 통합이 밀산에서 이루어진 것이다. 그러나 밀산은 3천여 명의 독립군이 집단적으로 활동하기에는 적합하지 않았다. 서일을 총재로 한 '대한독립군단'은 노령 이만으로 그 집결지를 변경하였다. 그 후 노령으로 넘어간 독립군은 1921년 6월 자유시 참변을 겪고 다시 북만으로 넘어왔다. 이때도 그들은 밀산에 모여서 전열을 가다듬고 목릉, 영안, 동녕 등지를 활동 근거지로 삼아 떠나갔다. 그러나 밀산 당벽진을 지키던 대종교지도자 서일이 토비의 습격을 받아 자결했던 비운을 당한 곳도 이곳 밀산이었다.

대종교의 거점을 밀산 당벽진으로 옮겨온 윤세복은 이곳에서 대종교의 재기를 준비하였다. 또한 현천묵은 대종교도들을 중심으로 밀산 백포자에서 대한군정서를 재정비하였고, 대한군정서는 신민부 창출에 중요한 역할을 하였다. 신민부는 창립 이후 밀산에 둔전제(屯田制)를 실시하여 훈련을 받으며 농사도 함께하려는 계획을 세웠다. 김좌진 역시 밀산을 근거지로 신민부의 실력을 양성하고자 하였다.

대종교는 총본사를 밀산 당벽진으로 옮긴 이후, 1931년 박찬익, 조성환, 이시영, 이동녕 등의 대종교도의 노력으로 포교금지령은 풀렸다. 그러나 1931년 9월 18일 사변이 발생하고 일제는 만주 전역을 침략하여 1932년 위만주국(偽滿洲國)을 세움으로, 대종교 포교금지 해금령은 그 실효를 보지 못하게 되었다. 이때 대종교는 비밀조직으로 갈 것이냐, 또는 정식 포교령을 얻어 활동할 것이냐의 기로에 서 있었다. 만일 피한다면 이제는 밀산이 아니라 멀리 몽고로 가야만 했다. 여기서 윤세복은 정면 돌파를 선택했다. 그리고 1933년 하얼빈에 나가 대종교선도회 설립에 착수한다. 1933년 밀산 대일시교당에서 어천절 경하식을 거행한 윤세복이, 그 자리에서 밝힌 다음과 같은 각오를 보면 직감할 수 있다.

> "우리 대교가 중광한 지 25년 동안 너희 일본의 무리한 박해를 늘 받아왔으나, 지금 시국의 정세는 더욱 변천되고 갈 데 올 데가 없는 오늘날, 나는 한배검의 묵시를 받고 스스로 순교의 길을 떠나는데, 만일 너희 당국의 양해를 얻으면 '국수망이나 도가존(國雖亡而道可存)'이라 하신 신형(神兄, 홍암 나철을 가리킴 - 필자 주)의 유지를 봉승할 것이오. 또 여의치 아니하면 나의 일신을 희생하여 선종사(先宗師)의 부탁하신 대은(大恩)을 갚겠노라"

라고 선언한 것이다. 대종교를 일으킨 나철의 유지를 잇지 못하면 차라리 죽겠다는 말이다. 실로 죽음을 건 선택의 갈등을 엿볼 수 있다. 또한 윤세복의 삶의 정신적 지표가 무엇인가도 분명해 진다. 나철이 내세운 "나라는 비록 망했으나 정신은 가히 존재한다[國雖亡而道可存]"라는 대종교 중광의 명분을 다시금 새기고 있는 것이다.

마침내 윤세복은 밀산에서의 6년 침묵을 털고 합법적 절차를 거쳐 포교선도사업을 새롭게 시작한다. 1933년 윤세복은 신일(信一), 영일(永一),

선일(善一), 신일(新一), 양일(亮一) 등 5처에 시교당을 설립했다. 그리고 무엇보다도 절친한 동지 안희제가 북만으로 망명해 온다는 소식이 전해졌다. 단애 윤세복은 다시 힘을 얻고 발해 고도의 수도였던 동경성으로 총본부를 옮겨 북만에서의 마지막 싸움을 준비하였다. 마침내 하얼빈시 도외구도가(道外九道街)에 대종교선도회가 설치되고, 총본사를 동경성으로 이전하였다. 대종교선도회는 하얼빈에서, 한글을 포함한 다양한 지식 강좌를 '만주지식강좌'란 제목으로 개최하는가 하면, 개천절 행사를 개최하는 등, 적극적인 활동을 전개했다. 이어 안희제와 강철구의 노력으로 대종교 교적 간행 사업도 구체화 되었다. 먼저 교적 간행에 대한

> "교화를 보급케 함에는 반드시 문자의 힘을 시뢰(恃賴)할 것이다. 이제 대교(大敎) 부흥기에 당하야 만구동성으로 종경(倧經) 요구가 날로 높은 터이다. 이 요구를 수응함은 무엇보다도 대교 발전상 최대 급무일 것이다. 이것을 공감하는 우리는 미성박력(微誠薄力)을 불고하고 교적간행회를 발기한다. 또 본회 사업의 확충됨을 꾀하여 먼저 아래 조관(條款)으로써 약속한다. 따라서 한배검의 특별하신 사랑 가운데서 본무(本務)를 다하고자 하는 형제자매들의 많은 동정을 빌고 바라는 바이다."

라는 취지를 내세워 활발한 교적간행사업(敎籍刊行事業)을 진행했다. 또한 대종학원 설립을 통한 교육사업에도 다시 심혈을 기울였다.

이때의 윤세복의 선택을 일제와 타협했다고 말하는 경우도 있으나, 그것은 사실과 다르다. 1932년 이후 만주전역은 일본세력권 속으로 편입 되었으므로 만주에 사는 이주한인은 모두가 일제의 포로가 된 것과도 같다. 포로 된 입장에서 교단조직 자체를 부정하고 싸움을 선택하기

보다는 대종교는 종교단체이므로 일단 순응하면서 저항한다는 형식을 취했다고 생각한다. 이것은 결코 굴복과 다른 것이다.

5. 윤세복과 임오교변

일제의 대종교 포교 허가는, 그것을 계기로 대종교의 중심인물들을 표면으로 드러나게 함으로써, 대종교를 근본적으로 폐쇄시키고자 하는 회유책이었다. 즉 당시 윤세복 교주를 위시한 대종교의 지도자들이 종교적 의지가 앞선 나머지 일제의 교활하고 잔인한 의도를 파악하지 못한 듯하다. 대종교의 합법적인 포교활동은 비록 타협은 아닐지라도 일종의 함정을 안고 있었다. 즉 대종교지도자의 조직체계가 만주국에 노출될 수밖에 없었던 것이다. 당시 대종교의 일각에서

> "그런데, 도형(道兄, 당시의 대종교 교주였던 윤세복을 말함-인용자 주)의 차거(此擧)가 일시 착각이 아니든가 생각된다. 왜냐하면, 본디 국제상 신의는 지킬 줄도 모르고 한갓 조삼모사의 정술(政術)만을 시뢰(是賴)하는 일본 당로자(當路者)의 양해를 구하여, 소위 합법운동을 도득(圖得)함은 근본적 착오인즉, 차라리 일시 화북(華北, 몽고 지역을 말함-필자 주)으로 피난하여, 10수년만 고행을 더 하였다면, 임오교변도 없고 해방 후에 대교의 시전(施展)이 용이치 않았을까? 그러나 난관을 만난 당사자로서 장래를 예측키도 어렵거니와, 또한 운명으로서 당착되는 인간사를 어찌할 수 없는 것이다. 그렇지만 이미 3대불행이 있었으므로 일대 착오가 생겼고, 또한 일대 착오로 말미암아 임오교변이 있는 것만은 사실이다."

라는 인식이 그 대표적인 예다. 일제는 대종교에 대한 내사와 감시를 더

욱 엄밀히 할 뿐만 아니라 심지어는 대종교총본사 내에 교인을 가장한 밀정까지 잠입시켜 대종교의 동향과 간부들의 언행마저도 일일이 정탐하였다.

이러한 분위기 속에서 1942년 여름, 윤세복 교주가 당시 국내에 있던 조선어학회 이극로에게 편지를 보낸 일이 빌미가 되어 일이 터진다. 그 편지 속에 「널리 펴는 말」이라는 원고가 동봉되었다. 이극로의 「널리 펴는 말」은 그 내용을 살피면 대종교 교당 설립과 대종학원 설립 취지문과 같은 것이었다. 그 말미에 나오는 "이제 우리는 체면을 유지할 만한 천전과 교당도 가지지 못하였으며 또는 교회의 일꾼을 길러낼 만한 교육기관도 없다.…(중략)…반석 위에 천전과 교당을 짓자! 기름진 만주 벌판에 대종학원을 세워서 억센 일꾼을 길러내자! 우리에게는 오직 희망과 광명이 있을 뿐이다. 일어나라 움직이라! 한배검이 도우신다."라는 구절이 이를 뒷받침한다. 일제는 검열 과정에서 이 글의 끝에 나오는 "일어나라, 움직이라!"라는 구절을 "봉기하자, 폭동하자!"로 날조하고 이것을 『조선독립선언서』라 하여 대종교를 압박하기 시작한다. 이 필화사건이 바로 임오교변(壬吾敎變, 임오년 대종교지도자 일제 구속 사건)의 도화선이 되는 것이다.

마침내 일제는

"대종교는 조선 고유의 신도(神道) 중심으로 단군문화를 다시 발전하는 표방 하에서 조선민중에게 조선정신을 배양하고 민족자결의 의식을 선전하는 교화 단체이니만큼 조선독립이 그 최후 목적이라."

는 반국가단체의 죄목을 씌어, 1942년 11월 19일 국내에서는 조선어학회사건과 때를 같이하여 만주와 국내 각처에서 교주 윤세복을 비롯한 대종교지도자 21명을 동시에 체포했다. 이것이 한국종교사에도 잘 드러나지 않은 대종교의 임오교변이다. 당시 피검 상황을 볼 때, 이들에 대한 구속이 한 날 동시에 이루어졌다는 것만 살피더라도, 일제가 대종교의 말살을 위하여 얼마나 치밀한 사전계획을 세웠는가를 알 수 있다.

한편 대종교의 임오교변과 조선어학회사건이 공교롭게도 안희제의 고향 후배이며 대종교의 중심인물이었던 이극로와 모두 연관되어 있다는 점이 흥미롭다. 조선어학회는 대종교 정신을 바탕으로 언어민족주의를 몸소 실천했던 주시경의 제자들이 중심이 되어 만든 단체로서, 김두봉 · 이극로 · 최현배 · 정인보 · 안호상 등 대종교인들이 많았는데, 사실상 대종교의 국내 지하조직의 역할을 담당했다고 한다. 즉 대종교와 조선어학회의 정신적 일체성을 보여주는 다음과 같은 기록을 보면 더욱 분명해진다.

"…(이극로가) 귀국하여 전국 명사를 망라하여 어학회를 조직하고 한글 큰사전 편찬, 10여 년간 갖은 형극의 길을 걸어오다가 임오교변 2개월 전인 10월경에 국내에서 한글어학회(조선어학회를 말함: 필자 주)가 선두로 전원이 검거되어 함남 홍원감옥에서 수감 4년 만에 해방되었고, 대종교는 당년(1942년:필자 주) 12월에 간부 전원이 검거되어 만주 목단강 감옥에서 순국 십현(十賢) 외 무기형을 받고 역시 4년 만에 해방되니, 한글어학회 사건이 곧 대교(大敎, 대종교-필자 주)교변이요, 대교 임오교변이 곧 독립운동실기가 되는 것이다. 그 당시 어학회는 국어 통일로 사상 통일을 시켜 민족단결을 기한 것이고 대종교는 국가 민족의 전통을 계승하여 민족혼을 새로이 하는 강력한 힘을 가졌던 것이다. 그리하여 전국 지사는 대종교에 귀의한 것이며 진정한 독립운동자는 무조건 대종교를 신봉하였다. 그러므로 어학회

도 대교 비밀간행물(秘密刊行物)을 종종 간행하였고 모험은성(冒險
股盛)을 다 바쳐왔던 것과 은밀한 연락이 내왕한 것도 그야말로 대교
의 비사(秘史)가 된다."

이 기록을 남긴 이현익(李顯翼)은 만주 대종교 항일운동의 일선에서
활동했던 인물이다. 흥업단에서의 활동과 함께 광정단에서는 북부외교
장(北部外交長)으로도 활약했다. 또한 신민부에서는 이승림(李承林)이라는
이름으로 활동했을 뿐만 아니라, 대종교의 비밀조직인 귀일당(歸一黨)에
서는 이일림(李一林)이라는 가명으로 항일운동을 한 인물로서, 당대의 정
황을 누구보다도 잘 아는 인물이다.

이현익의 위의 기록에서 특히 주목을 끄는 것은 대종교의 임오교변과
조선어학회사건을 같은 대종교사건으로 기록하면서 조선어학회가 대종
교의 비밀스런 업무를 수행하고 주고받는 연락장소로 사용되었음을 밝
히고 있다는 것이다. 이것은 조선어학회가 당시 대종교의 국내비밀결사
의 역할을 했다는 것을 뒷받침하는 것으로 매우 중요한 의미를 갖는데,
위에서 살핀 바와 같이 이극로와 윤세복이 주고받은 서신(書信)으로 인
한 양대사건(兩大事件)만 음미하더라도 유추할 수 있는 것으로, 대종교의
기록에도 "1942년 11월19일, 국내에서는 조선어학회사건과 때를 같이
하여 선만각처(鮮滿各處)에서 교주 단애종사 이하 21명을 동시검색(同時
檢索)하였으니 이것이 교사상(教史上) 영원히 잊지 못할 임오교변이다."
라는 기록으로 분명히 나타난다.

임오교변이 이극로의 「널리 펴는 말」에서 발단이 된 것과 같이, 조선
어학회사건 또한 윤세복이 이극로에게 보낸 「단군성가」라는 글과 연관
된다. 윤세복은, 이극로가 후일 그의 회고에서도 밝혔듯이, 이극로의 삶

에 있어 가장 존경하는 인물 중의 한 사람이었다. 그러한 윤세복이 당시 만주에서 「단군성가」를 작사하여 국내에 있던 이극로에게 보내어 작곡을 의뢰하는데, 이 글이 조선어학회 이극로의 책상 위에서 발견됨으로써 조선어학회사건이 발발하는 것이다.

주목되는 것은 만주 대종교총본사와 국내 이극로와의 교감이다. 당시 이극로는 국내(경성)에 있었다. 그럼에도 1940년 목단강 동경성에 있는 대종교총본사가 『대종교보(大倧教報)』를 복간하는 작업에 밀접하게 관여한다. 이러한 정황은 이극로가 『대종교보』에 축사와 더불어 대종교 「한얼노래」 가사 8편을 싣고 있음을 보아도 헤아릴 수 있다. 그 중, 백수 정열모의 작사로 와전되어 있는 「성지태백산」이란 가사의 전문은 다음과 같다.

상원갑자 상달 초사흘 태백산에 서기 둘리니
한검님이 인간 위하여 이 세상에 태어나셨다
산마루는 눈이 쌓이어 어느 때나 깨끗하도다
저와 같이 우리 마음도 순결하게 가져봅시다.

산마루에 한울 못물은 바다같이 크고 깊도다
저와 같이 우리 마음도 너그럽게 가져봅시다
송화강과 두만 압록강 이 못물에 근원 두어서
끊임없이 흘러나가니 우리 믿음 끝이 없도다.

여기서 이극로의 가사가 『대종교보』에 실린 시기가 1940년 6월이라는 점이다. 이것은 후일 윤세복이 이극로에게 보내 작곡을 의뢰한 「단군성가」가, 특정한 하나의 가사만이 아니라, 『대종교보』에 실린 이극로의 가사들이 포함된 대종교의 한얼노래 가사들일 가능성을 크게 한다. 임오교변이 발발하기 얼마 전인 1942년 6월 10일 이극로가 경성에서 직접 발행한『한얼노래』집이 그 결정적인 근거라 할 수 있다. 이 책의 서지사항을 좀 더 살피면, 편집인은 이극로, 발행인은 안희제다. 또한 발행소는 영안(만주국 목단강성 영안현 동경성 街東區 제19牌 3號)이며 인쇄소는 경성(조선 경성부 孝悌町 130번지)이다. 당시 대종교서적간행위원회 회장을 맡고 있던 안희제를 발행인으로 하고, 경성에서 비밀리에 작곡의 의뢰를 받은 이극로가 편집하여 인쇄를 주도했음을 알 수 있다. 더욱이『한얼노래』맨 앞에 실린 다음의「머리말」을 이극로가 직접 썼다는 것도 주목된다.

"한얼 노래는 대종교의 정신을 나타내어, 믿는 마음을 굳게 하며 사는 기운을 펴게 하는 거룩하고 아름다운 노래다. 이 노래는 원도와 함께 믿는 이에게 큰 힘과 기쁨을 주는 것이다. 한얼 노래는 돌아가신 스승님들이 지으신 것을 본을 받아, 새로 스물 일곱 장을 더 지어 보태어, 번호를 매지 아니한 얼노래 한 장을 빼고, 모두 설흔 여섯 장으로 되었다. 이것으로도 신앙과 수양과 예식에 관한 여러 가지 노래가 다 갖추어 있다. 노래 곡조는 우리나라의 작곡가로 이름이 높은 여덟 분의 노력으로써 이루어진 것이다. 진실로 그 예술의 값은 부르는 이나 듣는 이의 마음의 거문고를 울리어, 기쁘고 엄숙하고 원대한 느낌을 준다. 1942년 3월 3일 이 극 로"

이러한 정황을 살피면 조선어학회 사무실 이극로의 책상에서 발견된, 윤세복 편지 속의「단군성가」는 곧 대종교의『한얼노래』원고임을 알 수 있다. 즉 영안에 있는 대종교총본사의 윤세복이 1942년 3월 이전에, 경성에 있는 이극로에게 대종교 한얼노래 가사들을 모아 이극로에게 보냈다. 이극로는 이것을 편집하여「머리말」을 작성하고(3월 3일), 5월 15일 인쇄하여 6월 10일『한얼노래』집으로 간행했던 것이다. 또한 상기한 바와 같이, "어학회도 대종교 비밀간행물을 종종 간행하였고"라는 이현익의 증언과도 합치되는 내용이다.

이극로가 우리의 말과 글에 눈을 뜨게 된 것도 역시 윤세복의 공이 크다. 즉 1912년 그가 처음 만주 회인현을 찾아 윤세복과 박은식 등을 만날 당시, 대종교 계통의 학교인 동창학교의 교원이면서 대종교 활동을 하고 있던 백주 김영숙을 만난 것이 그 인연이 된다. 김영숙은 다름 아닌 주시경의 제자로서 한글연구와 관련된 많은 참고서를 가지고 있었으므로, 이극로가 한글을 연구하는 결정적 계기를 마련해 준 인물이었다.

임오교변은 일제가 식민지 지배를 영구히 하고자 하는 목적으로 일제에 항거하는 항일단체나 독립운동자를 일제히 검거한 정책적인 조치로서, 일제하 희대의 종교적 탄압 사건이었다. 이것은 대종교라는 종교단체가 바로 항일독립운동의 본거지로서, 대종교의 포교와 교육활동 그리고 한글과 우리 역사에 대한 연구작업 모두가 조국광복을 위한 노력으로 귀착되었다는 점과 연관된다.

마침내 대종교 교주 윤세복을 비롯한 20여 명의 대종교 지도자들은 이른 바 치안유지법위반이라는 죄목으로 목단강 경무처와 액하감옥에 분산 구금되어 혹독한 취조를 받는다. 가령 백산 안희제는 9개월 동안 감방살이를 하면서 70여 회의 말로 형언할 수 없는 고문취조를 당했다. 당시의 가혹한 감방규칙을 보자. 항상 벙어리가 되어 말이 없어야 하며 서로 돌아 앉아 얼굴을 못 대하고 누울 때는 얼기설기 머리와 발을 맞추어야 한다. 또한 추워도 이불을 목에 두르거나 요로 무릎을 덮지 못하며 하루 두 끼 먹는 조밥은 돌이 많고 그도 없을 때에는 숙능 한 공기로 끼니를 때웠다. 또한 체조할 때 동작 맞추는 문제, 잠잘 때 코를 골고 뒤척

거리는 문제, 배탈 설사로 인한 옷을 더럽히는 문제 등, 실로 말로 다 표현할 수 없는 간섭과 협박으로 고통의 나날을 보내야 했다.

일제의 고문 또한 악랄했다. 배탈로 인해 참지 못하고 설사를 한 사람을 기진력진하도록 무수히 난타하고는 2, 3일씩 밥을 굶기는 것은 예사였다. 또한 날마다 2, 3인 혹은 3, 4인씩을 뽑아 개별로 취조할 때의 각양각종의 고문은 말로 다 형언할 수가 없었다. 그들은 나이의 고하를 가리지 않고 고문을 행했다. 그 한 예를 보면,

"우리 일행 중에 장로이신 아현(亞峴) 권영준(權寧濬) 대형은 당년 72세로서 체력이 강왕하고 기백이 강의하여 취조 중 불굴은 일반이 예측하던 바, 며칠 동안 취조 끝에 감시노가 취조자의 지시에 의하여 혹독한 벌을 특시(特施)하되 대형을 감방 공간에 '차렷' 자세로 서게 하고 백묵으로 두발 밖에 금을 그어 가로대, '일주일을 꼭 이대로 서서 지내야 한다. 만일 요동을 하든지 함부로 앉거나 누우면 곧 타살하리라' 하고 왜노 두 놈이 번갈아 감시하더니 약 2주야부터는 다리가 자연 떨리고 발이 조금 옮기게 되매, 곤봉으로 난타하여 유혈이 임리(淋漓)하고 골절맞는 소리가 감방의 공기를 밤낮 긴장하게 하였다. 그러나 대형은 간혹 '이 놈들이 참으로 사람을 죽이려고 한다'라는 말씀뿐이었다. 그렇게 5주야가 되자 정말 기력이 쇠진하여 자연 혼도하는지라 두 놈이 번갈아 밤새도록 난타하는데 대형은 정신을 차려 자진(自盡)을 꾀하는데 그 두골을 목책에 타쇄(打碎)코저 하더니…(중략)…이 사실을 대강 적는 오늘에도 몸에 소름이 끼치고 붓대가 떨리거든 하물며 목도 체험하던 그 당시의 우리 심경이 어떠하였을까? 졸렬한 붓으로써 구금 중 모든 고황(苦況)을 역력히 상술치 못하나 다만 이 몇 줄의 글월로도 혹시 십현(十賢)의 최후 참경을 상상할 수 있을는지요!"

라는 회고를 보더라도 당시의 분위기를 쉽게 짐작할 수 있다. 대종교의

임오십현(壬吾十賢)이란 바로 임오교변 당시 이러한 고문으로 인해 죽어
간 열 명의 순교자를 일컫는 것이다. 안희제 역시 70여 회의 혹독한 고
문으로 인해 목단강 영제의원으로 보석되어, 그토록 열망하던 조국광복
을 보지 못한 채, 1943년 8월 3일 향년 59세로 순교했다. 순교할 10인
모두가 이렇게 죽어간 것이다.

한편 검거 당시 윤세복이 일경(日警)에게 던진 다음과 같은 말이 주목
된다.

> "내가 관동군의 양해를 얻을 때부터 너희에게 속아서 근 10년을 지냈
> 거니와 오늘부터는 너희들이 나에게 속는 것이다."

윤세복의 이 말 속에는 속은 것에 대한 후회 이전에, 일제의 간계와 박
해를 예견하고 받아들이는 종교지도자로서의 의연함과 더불어 독립운
동지도자로서의 불굴의 의지가 엿보인다. 또한 윤세복은 감중자술(坎中
自述) 4장에서

> 한 사람의 죄악으로 연루자가 스물인데
> 아홉 사람 병에 죽고 다섯 사람 놓아 갔다
> 지금껏 일년 삼개월 법원기소 못 정해

라는 회한을 읊고 있다. 임오교변에 연루되어 투옥된 동지들이, 윤세복
자신의 죄악으로 인해 고통 받는 것이라고 괴로워하면서도, 대종교를 떠
받드는 정성으로 어떠한 고형(拷刑)이 있어도 서로 원망하지 말자는 심
회를 다음과 같이 당부했다.

넷째로 연루동지 고심 열성 감사할 것

교정(敎政) 교의(敎義) 다 몰라도 단군 신도(神道) 숭봉할 뿐
아무런 고형(拷刑) 있어도 서로 원성 않기로

그리고 그는 옥중생활 속의 온갖 고문(拷問) 속에서도 오히려 대종교
의 『삼일신고(三一神誥)』「진리훈」에 나오는 반망즉진(返妄卽眞: 인간완성의
길)의 방법을 체계화하여 『삼법회통(三法會通)』이라는 수행서를 완성하는
종교적 열정을 쉬지 않았다.

1942년(임오년)의 교변으로 대종교 주요 간부 20여 명을 체포 감금하
여 고문하므로 10명의 지도자가 죽고 나머지 10명도 구속되어 감옥살
이를 하게 되니, 이것이 대종교의 임오교변이다. 당시 임오교변으로 사
망한 대종교 10명의 지도자는 다음 표와 같다.

성명	별호	향수	사망일자	피검지	사망지	장지
權相益	省齋	44	1943. 5.5.	밀산현 三棱通	목단강시 적십자병원	三棱通 仲坪麓
李楨	晦峰	49	1943. 7.30.	영안현 新安村	掖河감옥	新安村 寧家屯
安熙濟	白山	59	1943. 8.3.	(국내)의령군 立山里	목단강시 永濟의원	의령군 立山麓
羅正練	念齋	62	1943. 8.18.	영안현 東京城	掖河감옥	東京城 東門밖
金書鐘	雪島	51	1943. 8.27.	하얼빈	掖河감옥	함안군 漆原麓
姜鐵求	海山	53	1943. 9.23.	연길현 銅佛寺	연길현 銅佛寺	銅佛寺麓
嗚根泰	竹圃	63	1944. 1.5.	영안현 臥龍屯	圖佳線 柴河驛	柴河驛麓
羅正紋	一島	54	1944. 1.7.	영안현 東京城	영안현 東京城	목단강 상류
李昌彦	白香	68	1944. 1.9.	영안현 舊街村	목단강 警務處	舊街村 卜家屯
李在囿	白嵐	68	1945. 2.?.	길림성 돈화현	길림감옥	함흥군 先塋下

한편 나머지 간부들은 교주인 윤세복(치안유지법 제1조 위반)의 무기형을 비롯하여 다른 인물들(치안유지법 제2조 위반)도 15년에서 7년까지의 형을 선고받고 복역하다가, 8·15광복을 며칠 앞두고 출옥하였다.

성명	별호	나이	피검 일자	피검지	拘囚地	罪名	刑期	出獄 (양력)
尹世復	檀崖	64	1942. 11. 19.	(중국) 新安鎭 汽車中	撥河 감옥	치안 유지법 제1조	無期	1945년 8월 12일 出獄
金永肅	白舟	59	〃	(중국) 하얼빈 馬家溝	〃	치안 유지법 제2조	15년	〃
尹珽鉉	一野	57	〃	(중국) 穆稜縣 興原村	〃	〃	8년	〃
李容兌	檀庵	55	〃	(국내) 提川郡 白雲面	〃	〃	〃	〃
崔冠	正宙	42	〃	(중국) 寧安縣 東京城	〃	〃	〃	〃
李顯翼	槿齋	49	1943. 4. 3.	(중국) 寧安縣 東京城	〃	〃	7년	〃
李在囿	白嵐	67	1942. 11. 19.	(중국) 吉林省 敦化縣	吉林 감옥	〃	5년	1945년 3월 收監中 사망

임오교변 당시 실형선고를 받은 7명의 受刑表(1944년 5월 7일 판결 연도 기준)

무기수로 복역 중 일제의 패망으로 옥문을 나선 윤세복이, 가장 먼저 시도한 것이 대종교 재기를 위한 걸음이었다. 우선 영안현 해남촌(海南村) 최창진(崔昌鎭)의 집에서 여러 교우들과 몽방식(蒙放式, 형이나 감옥 따위에서 풀려난 것을 알리는 의식)을 행하고 총본사를 부활시켰다.

이어 감옥 생활의 피로에도 불구하고 1945년 8월 8월 25일 영안현

신안촌(新安村)의 교우 양현체(梁玄棣)를 심방하고, 그곳 교우회의 결의로 신일(信一)시교당을 부활시켰다. 또한 9월 17일에는 총본사를 옮긴 지 4년 만에 동경성으로 돌아와 동경성가 동구(東區) 제 15패(牌) 33호에 대종교총본사 간판을 다시 부치고 본격적인 교무를 재개하였다. 당시에 펼친 주요 사업은 한글강수회 개최와 개천절 행사의 거행, 그리고 대종학원의 개강이었다. 당시 한글강수회와 대종학원의 임직원은 다음과 같았다.

(한글강습회)
회 장: 김광진(金光律)
부회장: 김용주(金龍珠), 김승호(金昇灝)
서 무: 이원갑(李元甲), 김명길(金明吉)
재 무: 최동길(崔東吉), 안일범(安一範)
강 사: 윤세복, 태흥선(太興先), 이영재(李榮載), 남영덕(南永德)

(대종학원)
원 장: 강천봉(姜天奉)
학 감: 태흥선
서 계: 이원갑
강 사: 윤세복, 강천봉 태흥선, 이원갑, 남영덕, 박희정(朴熙政), 김고분(金古粉), 박월선(朴月仙), 조병애(趙炳愛)

이 밖에도 직원의 선임, 교질(教秩) 수여, 시교활동, 교구(教區) 내 교당 정비, 교우 간의 연락과 방문, 조배식(早拜式)과 주야경배예식(晝夜敬拜禮式)의 봉행, 교보(教報) 간행 등, 교정(教政) 전반에 걸쳐 괄목할 정도의 새로운 면모를 갖추었다.

6. 광복 이후의 활동

윤세복은 1946년 2월 그리던 고국 땅을 밟는다. 개인으로서는 고국을
떠나 회인(환인) 땅을 밟은 지 36년 만의 환국이었다. 또한 대종교총본사
로서는, 홍암 나철이 1914년 화룡현 청파호로 총본사를 옮기고, 화룡 →
영안 → 밀산 → 동경성 등지로 전전하면서 온갖 풍상을 겪다가 33년 만
에 돌아온 것이다.

윤세복은 서울 영락정(永樂町) 2정목 7번지(현 중구 저동 2가 7번지)의 구
(舊) 천대사(千代寺, 敵産寺刹) 건물을 총본사 사옥으로 삼고, 제7회 총본사
확대 직원회의에서 총본사 및 남도본사 직원을 개편하고 예산을 편성하
며, 제8회 총본사 직원회의에서는 경의원(經議院) 직원을 공선했다. 또한
제10회 총본사 직원회의에서는 종경(倧經) 번역기관으로 종학연구회(倧
學研究會)의 설치를 결의하는 등, 새로운 포교 사업의 큰 발을 내디뎠다.

윤세복은 또한 조국 광복에 대한 감사의 의례도 빼놓지 않았다. 당시
천우신조로 일제의 질곡에서 해방된 조국이, 잃었던 얼을 되찾기도 전에
외래 풍조에 휩쓸려 사상은 분열되었다. 더욱이 국토의 분단으로 말미암
아 민족의 자주성과 조국의 완전독립은 국제적 조약으로 요원한 장태에
빠지고 말았다. 이에 대종교는 민족의 정신통일과 조국의 자주독립을 위
하여 광복한 날 이틀 전인 1946년 8월 13일 오전 6시를 기해, 총본사 천
궁(天宮)에서 독립원도식을 다음과 같이 거행하였다.

    一. 개회식(普本 嚴柱天)
    一. 천전참배(天殿參拜)
    一. 국기배예

一. 애국가 봉창

一. 개회사(晴奄 曺成煥)

一. 원도(願禱, 藕泉 趙琬九)

一. 한울노래[天樂]

一. 폐회사(白水 鄭烈模)

一. 만세삼창

一. 폐회식

또한 광복 1주년 하루 전인 8월 14일에는 해방 1주년 기념 축하를 위하여 애국단체연합회가 주관하고 각계의 협동으로 다채로운 기념행사가 거행되었다. 그 축하 행사의 일환으로 남산, 북악 및 안현(鞍峴)에서 3일간 봉화 제전을 거행하기로 했다. 이에 사용할 불씨를, 조국을 지켜낸 대종교의 천진전(天眞殿)에서 받기로 하였다. 이에 따라 8월 14일 오후 6시에 대종교총본사 천진전에서 성화전수식을 거행하였다. 윤세복이 직접 원도(願禱)를 올리고, 성화전송단 대표 손기정(孫基禎)에 의하여 전송되었다. 그리고 임시정부 주석 김구에 전하여 남산 꼭대기에 마련된 봉화대에 점화되었다. 또한 같은 해 개천절에는 전국 각지에서 거족적인 경축행사를 거행하였다. 대종교총본사에서는 개천절 날 오전 6시에 성화전수식을 거행된 이 행사는, 전국민의 축전으로 당일 정오에 강화 마니산 참성단에서 성화제를 봉행했다. 마라톤 선수 함기용(咸基鎔)에 의해 점화되고 제천의(祭天儀)도 봉행하였다. 윤세복은 이 때 개천절에 즈음한 성화의식의 감격을 다음과 같은 「성화찬(聖火贊)」(漢詩로 되어 있는 원문을, 필자가 번역한 것임)으로 표현했다.

으뜸 갑자 상달 상날에

신인 단군께서 개천 개극하시니
삼천 무리 동이족이요
반만년 조선국이라.

참성단 정상에서 제천보본하니
물 가운데 솟은 산 음양이 어울리도다
대운이 돌아와 신인이 화합하고
성화를 밝히니 온 세상이 환해지도다.

윤세복은 국학의 보급과 대종교 교리 연찬에도 신경을 기울였다. 국학강좌와 교리강수회(教理講修會) 등이 그것이다. 국학은 대종교와 표리 관계를 이룬다. 근대 국학이 곧 대종교요 대종교가 곧 국학이라 해도 과언이 아니다. 대종교를 일으킨 나철의 대종교 사상 속에는 국학적 요소인 국어·국사·국교·철학·민속·수행 등이 두루 나타난다. 나철의 사상은 사상적 정체성과 시간적 연속성, 그리고 공간적 차별성과 보편적 개방성의 속성을 두루 갖춘 국학으로, 문·사·철이 회통되어 나타나는 국학이라는 점에서 순수 국학의 특징을 가장 잘 드러내 준다고 할 수 있다. 20세기 대종교인들에 의해 우리의 언어와 역사 그리고 철학이 개척되고 정리됨만 보아도 헤아릴 수 있을 듯하다.

윤세복은, 당대의 대표적 대종교 학자들을 중심으로 다음과 같이 3차례에 걸친 국학강좌를 개최했다.

기수	강좌명	강사	일시 및 장소	수강인원
1차	夏期 國學 講座	(國語) 李克魯, 李秉岐 (國史) 李瑄根, 朴魯澈 (科外) 曹成煥, 趙琬九, 趙素 昻, 鄭寅普, 白南奎, 安 在鴻, 申翼熙, 安浩相, 李範奭, 鄭烈模	1946년 7월 23일부터 (10일 간) 중구 저동 대종교총본사	2백여 명
2차	夜間 國學 講座	(國語) 李秉岐, 鄭烈模 (國史) 鄭寅普, 安在鴻, 梁世 煥, 李瑄根 (敎理) 金永羸, 趙琬九	1946년 8월 28일부터 (1개월 간) 중구 저동 대종교총본사	1백 4명
3차	夏期 國學 大講座	鄭寅普, 安在鴻, 李秉 岐, 李瑄根, 鄭寅承, 梁 世煥, 鄭烈模	1949년 6월 30일부터 (1개월 간) 중구 저동 대종교총본사	80여 명

그리고 윤세복은 교리강수를 위해 스스로의 노고도 아끼지 않았다. 1946년 8월 24일부터 2개월간, 서울 광희동 이원태(李源台)의 집에서 정 양하면서 교리강수를 한 것이다. 교단 내의 중견 청년들(太興先 · 金明吉 · 金一洙 · 林承鎬 · 楊文翰 · 柳鍾禹 · 李元甲 · 趙東奎 · 權相東)을 중심으로, 종학 원(倧學院)을 조직하여 매일 밤 직접 강의를 했다. 또한 1948년 12월 2일 부터 1개월간 총본사 직원 및 중견 교우 50여 명을 대상으로 갑종강습 회(甲種講習會)를 개최하였는데, 윤세복은 강사로 직접 참여하여 분위기 를 북돋웠다. 당시 강수회(講修會) 임원은 다음과 같았다.

　　회장 : 춘파 정관
　　총무 : 희산 김승학

재무 : 보본 엄주천
학무 : 만취 성하식
서무 : 새밝 신철호
강사 : 우천 조완구, 백수 정열모, 백주 김영숙, 단애 윤세복

특히 1956년 11월에는 제 2회 교리강습회를 개최하고 강의를 전담하였다. 강의 내용은 대종교의 주요 경전들인 『삼일신고』, 『신리대전(神理大全)』, 『신사기(神事記)』, 『회삼경(會三經)』, 『삼법회통(三法會通)』 등, 종리(倧理)와 종사(倧史)에 관한 내용들이었다. 당시 강습회의 임원을 보면,

회장 겸 전담강사 : 단애 윤세복
총무 : 천봉 강천봉
재무 : 의산 신대식
학무 : 겸헌 박창화
서무 : 한상진

등이 맡아 수고하였다. 주목되는 것은 윤세복이 강습회 회장 겸 전담강사를 맡았다는 점이다. 이것은 강의 내용이 대종교의 핵심 교리와 연관된 것들임을 볼 때, 논리의 통일성을 기하기 위한 선택으로 해석할 수 있을 듯하다.

윤세복의 대종교중흥회 조직 또한 주목되는 부분이다. 전술한 제 1차 교리강수회 수료생들을 중심으로, '대종교 발전을 위한 새로운 방안을 모색'한다는 기치 아래 출범시켰다. 그리고 이 중흥회를 발판삼아, 수년간 교리강수 때에 채택한 종경교안(倧經敎案)을 수집·정리하는 한편, 정양(靜養) 중에도 불철주야하고 대종교 경전 번역에 전력을 기울였다. 마침내 1948년 봄, 『삼일신고』, 『신리대전』, 『신사기』, 『회삼경』 네 가지 경

전의 번역을 마쳤다. 윤세복은 손수 번역한 경전들에 고증에 고증을 가했다. 또한 대종교 원로인 권덕규의 『삼일신고역본(三一神誥譯本)』과 대조한 후, 이를 『역해종경사부합편(譯解倧經四部合編)』이라 명명하고 출판을 기다렸다. 그리고 대종교중흥회의 제1차 사업으로 대종교 교적 출판에 착수하여, 『한검바른길(첫걸음)』 5천 부, 『한검바른길(복참판)』 3천 7백 부, 『역해종경사부합편』 3천 부를 간행하였다.

윤세복은 1950년 4월 29일 소집된 제7회 교의회를 통해 중요한 결단을 내렸다. 대종교의 홍범(弘範) 조항을 개정함으로써 사실상의 개헌을 단행한 것이다. 그 중 가장 중요한 것은, 도통전수제(道統傳授制)로써 도사교(都司敎, 대종교교주)를 뽑던 것을 행정수반으로서의 총전교(總典敎)를 선출하는 신권공화제(神權共和制)로 바꾼 일이다. 또 하나는 과거 도사교의 교정(敎政) 전반에 걸친 절대권을, 행정[大一閣], 의회[元老院], 도원(道園, 三一園)으로 삼권(三權)을 분립한 것을 꼽을 수 있다. 윤세복은 이 개혁을 주도하고, 육당 최남선으로 하여금 다음과 같이 「규범발포문(規範發佈文)」을 만들게 하였다.

"대종사(홍암 나철을 말함-필자 주)가 천추의 수서(隧緖)를 찾으사 만대의 정로(正路)를 밝히시니, 우리 배달민족의 솔유(率由)할 생활 원리가 이에 확립하였다. 때마침 국운이 중부(中否)하야 완적(頑敵)의 능핍(凌逼)이 일극(日劇)하거늘 산란(散亂) 황혹(遑惑)하는 민중이 이 정신적 지주를 귀의하므로써 지암(至闇)의 중(中)에 대광(大光)을 보고 민족구원의 명명(明命)을 수행하기에 유신무의(唯信無疑)하니 대황조 섭리 신화(神化)의 현묘하심이 매양 이러하였다. 그러나 소주(所住)이 지대한 만큼 시련이 또한 엄려(嚴厲)하야 적인(敵人)의 흉봉(兇鋒)과 시대의 광풍이 병지(幷至) 교침(交侵)하는 바에 교문(敎門)의 지보(地步)가 늠호(凜乎)히 조석(朝夕)을 보(保)치

못할 듯하였다. 이에 대종사가 만민을 대(代)하야 사서(謝誓)의 육신(肉祭)를 바치시고, 그 음우명도(陰佑冥導)가 일체의 고난을 교단약진(敎團躍進)의 기연(機緣)으로 전화(轉化)하야, 밀산(密山)의 건운(蹇運)과 임오(壬吾)의 법난(法難)을 쉽살히 충파(衝破)하고 마침내 조국광복의 신일월(新日月)을 마지하기에 이르렀다.

어허! 남북조강 일만리에 교화가 편포(遍布)하고 국성(國性) 위기 사천년에 퇴파(頹波)의 지주(砥柱)를 지었음이 진실로 도이(徒爾)한 것이 아니었다. 대종(大倧)의 성교(聖敎)가 본대 개천광세(開天光世)로써 인세(人世)를 홍제(弘濟)하는 대도(大道)임은 신전(神典)에 소시(昭示)된 바이니, 이것이 배달민족 궁천극지(窮天極地)의 생활원리인 동시에 전 세계 인류를 위해서의 보편 타당한 생활원리임이 무론(毋論)이다.

이제 우리는 전일의 당면 과제든, 국민운동의 정신적 추유(樞紐)이든, 지위(地位)로부터 일보(日步)를 전진하야 홍제철리(弘濟哲理)에 말미암는 구세(救世)의 사명을 부하(負荷)할 운회(運會)에 다달았다. 이에 대한 자각과 함께 이에 필요한 준비와 노력이 우리에게 요망되고 있다.

대황조 개천의 본의를 개현(開顯)하며, 대종사 중광의 지의(至義)를 확충함에는 국세(國勢)와 세정(世情)에 순응하는 무한한 단계를 역과(歷過)치 아니치 못할 것이다. 금차(今次)의 기구상 소변통(小変通)은 특히 일시의 편선에 좇음일 따름이어니와, 우리는 모름지기 이를 신발전점(新發足點)으로 하야, 대교(大敎)의 생명 비약과 기능 발휘에 일의매진하여야 할 것이다.

이리하야 종문(倧門) 본구(本具)의 현리묘용(玄理妙用)으로써 대계(大界)의 광명화(光明化)를 실현함이 우리 금후의 영광스러운 임무이다. 이번 제 7회 교의회에서 개정된 대종교규범을 별지로서 발포한다.″

한편 윤세복은 대종교의 종교적 발전을 위한 변화에 심혈을 기울였다. 그 하나가 삼일원(三一圜)을 본격화시키는 것이요, 또 하나는 종사편집부(倧史編輯部)의 설치였다. 삼일원은 대종교의 도원(道院)으로, 1950년 설치되었으나 6 · 25의 발발로 역할하지 못했다. 1954년 5월 제 2차 전교회의(典敎會議)를 소집하여 삼일원 조직을 실행하고, 총본사 교무회의가 추천한 대덕(大德) 31인을 검정하여 서임하였다. 종사편집부는 1954년 7월에 교무회의의 결의를 거쳐 대일각(대종교 교주를 상징하는 기관-필자 주) 직속기관으로 설치하였다. 그리고 제 1차로 주간(主幹)에 장도빈, 이시열(李時說), 박창화, 3인을 임명하고 편집 업무를 시작했다. 특히 1957년 6월에는 스스로 종사편집부의 주간을 맡아, 대종교 교사(敎史)의 자료 편이라 할 수 있는 『종사취재고(倧史取材稿)』15편 5십여만 자의 작업을 완성하였다. 『종사취재고』의 주요 목차를 보면 아래와 같다.

제1편 고전고안(古典考案)

제2편 전통정신(傳統精神)

제3편 중광, 조천(重光, 朝天)

제4편 개천국경(開天國慶)

제5편 의전규범(儀典規範)

제6편 신비파집(神秘派集)

제7편 종횡세론(縱橫世論)

제8편 종보휘집(倧報彙輯)

제9편 종보휘집(倧報彙輯)

제10편 종보휘집(倧報彙輯)

제11편 종보휘집(倧報彙輯)

제12편 종보휘집(倧報彙輯)

제13편 지원임면(職員任免)

제14편 선현약력(先賢略歷)

제15편 한말문선(韓末文選)

그러나 윤세복은 적극적 정치 활동과는 거리를 두었다. 그의 스승 나철의 유언과도 관련이 있을 듯하다. 그럼에도 민족단결이나 민족문화 창달과 관련하여서는 몸을 숨기지 않았다. 특히 제자와도 같은 이극로의 활동에는 기꺼이 힘을 실어 주었다. '조선건민회(朝鮮健民會)'에 고문으로 참여한 것이 그 예다. 조선건민회는 이극로의 주도로, 민족의식을 앙양하여 완전자주독립국가 건설을 기하며 민족문화의 향상을 도모하여 세계문화 진전에 공헌한다는 목적에서 탄생한 것이다. 이극로는 중간세력들을 결집하여, "우리의 고뇌와 협력은 오직 조국독립의 일점에만 경주하여야 할 것임에도 불구하고, 금일의 국내의 모든 현실은 오히려 독립의 장해와 파괴적 행동만 유발하고 있으니, 좌우분열은 또다시 우리 조국의 운명을 절망의 나락으로 밀고 들어가고 있다.…(중략)…조선민족이 나아갈 노선은 독단과 오해와 상쟁을 버리고 남북·좌우의 민족이 단합하여 우리의 역사성과 민족성을 찾아서 편견과 고집 없는 대아량으로 민족자결의 독보주의(獨步主義), 영원한 평화와 독립혼을 구가하자!"고 주창하였다. 이로 보건대 조선건민회는 정치운동 단체로서 뿐만 아니라, 자주와 단결을 강조하는 민족운동단체로서의 지향성도 함께 엿볼 수 있다. 그러므로 활동 노선 및 성격과 관련해서는 비정치적 민족운동단체로 출발하여, 1947년 중간파의 '제3전선운동'을 주도했다고 평가할 수 있다.

　　윤세복은 총선거를 대비한 민족대표 33명으로도 참여했다. 즉 1948년 3월 5일 개최된 각정당사회단체대표자대회에서, UN조선위원회와의 협의대상이 되며, 아울러 총선거실시에 관한 제반문제를 처결할 민족대표단의 한 명으로 선출된 것이다. 아마도 여기에 가입한 것 역시, 민족대

표 33명의 일원이었던 이시영·명제세·이청천·이범석 등, 대종교 중진들의 적극적 권유가 역할한 것이라 생각된다.

윤세복과 관련하여 홍익대학교 설립을 빼놓을 수 없다. 1947년 5월 대종교 원로들의 결의에 따라, 대종교총본사에 재단법인 홍익학원 및 홍익대학 설립 준비위원회가 발족되었다. 그 배경을 살피면, 1946년 4월 양대연이 홍문관대학을 미인가 상태로 운영하다가 다음 해 5월에 이르러, 정규대학이 아닌 것이 밝혀지자 폐관된 사건이 있었다. 이로 인해 홍문관대학의 최광언 교수 등이 대종교총본사로 정열모를 찾아왔다. 윤세복은 정열모로부터 난감해 하는 홍문관대학 학생들의 사연을 듣고, 어려움에 처한 학생들을 팽개쳐둔다는 것은 홍익인간을 교지로하는 대종교인으로서는 안 될 말이니 반드시 이들을 구하라는 분부를 내렸다 한다.

홍익대학의 설립 작업은 이흥수와 대종교재단이 중심에 서 있었지만 대종교인 외에도 김구와 박열 같은 독립운동 세력이 깊이 관여하며 지원하고 있었다. 특히 홍익대가 김구와 밀접한 관련을 맺고 있었다는 것은 김구가 암살되어 국장을 지낼 때 상여를 멘 주체가 홍익대 학생들이었고, 김구가 주관하던 건국실천원양성소가 김구의 사후 홍익대학과 합병되었다는 것 등을 통하여 충분히 짐작할 수 있다. 이 같은 대목은 홍익대가 얼마나 민족주의세력과 깊이 연결돼 있었는지를 잘 드러내주는 대목이다. 대종교 간부였던 국학자인 정인보와 이극로·안재홍·정열모·안호상 등은 강의에도 참여한 것으로 알려지며, 특히 정열모는 초대 학장으로 활약했었다.

민족진영의 원대한 구상과 함께 시작된 홍익대에 혼선이 시작된 것은 냉전이 심화되면서부터였다. 국내외에서 민족운동에 앞장서던 민족주의세력은 친미 · 반공세력과 친소 · 공산세력이 남과 북을 배타적으로 지배하게 되면서 남과 북 양쪽에서 축출되었다. 특히 대종교계 독립운동가들은 대개 중도파 민족주의에 가담하여 좌우합작과 남북협상을 주도하였던 바, 이들 중도파 민족주의는 냉전이 심화되고 분단이 고착화되어 가자 남과 북에서 소외되고 박해받게 되었다. 1949년에 일어난 김구 암살사건은 분단 후 남한에서 통일지향 민족주의에 대한 제거작업이 시작되고 있음을 알려주는 사건이었다. 그나마 명맥을 이어가던 민족주의 세력들에게 결정적 타격을 준 것은 전쟁이었다. 전쟁은 탈냉전적이며 반공성향이 상대적으로 옅었던 통일지향 민족주의 자체를 불온시하게 만들었으며, 많은 지도자들을 희생시켰다. 전쟁으로부터 가장 큰 타격을 입은 것이 대종교였다. 대종교는 전쟁 과정에서 조완구 · 정인보 · 안재홍 · 정열모 등 주요 지도자들을 잃었다. 이들 인사들은 홍익대의 학문적 · 정신적 기반이기도 하였었다. 대종교의 민족주의적 지향은 서양문화에 기반을 두었고 냉전의 지도자였던 이승만으로서는 달가운 존재가 아니었다. 그것은 제 3공화국의 박정희 정권에 와서도 바뀌지 않았다.

대종교는 현대사를 통하여 냉전과 반대되는 편에 서있었고, 당연히 냉전을 주도하던 이승만 정부나 박정희 정부로부터는 견제와 박해의 대상이었다. 대종교단이 어렵게 시작한 홍익대학을 지키지 못한 것은 그 같은 배경이 작용하고 있었다. 냉전이 홍익대의 재단교체에 관여한 흔적은 여러 대목에서 확인된다. 홍익대의 인수자인 이도영 측은 사재출연과 차관 확보 등 당초의 약속을 지키지 않아서 이흥수와 학생들의 반발을 샀던 것 같다. 그런데 이승만 치하에서 일어난 학생들의 반대운동은 일종의 용공 조작으로 진압되었던 모양이다. 4 · 19후에 정국이 바뀌면 서야 이홍수 측에서 재단을 다시 회복했는데, 5 · 16이 터지자 상황은 다시 이도영 측으로 넘어가게 된다. 군사정권이 이도영 측의 편을 들어준 것이다. 이도영에 대해 반대한 쪽은 군정당국으로부터 빨갱이혐의와 함께 탄압을 받았고 이후 학교를 회복하지 못한 것으로 알려진다. 대종교가 교세를 잃고 홍익대의 주인이 바뀌는 과정은 냉전이 득세하고 민족주의가 퇴조하는 한국현대사와 밀접히 연관되어 있다.

윤세복의 삶은 고독과 방황의 노정이었다. 해방 후 「회삼경 머리말」을 통해 그가 술회한 다음의 넋두리를 보자.

"나는 다행하게도 우리 세 종사(홍암대종사, 무원종사, 백포종사를 말함-필자 주)와 더불어 한 세상에 태어났다. 그러나 오랜 동안 친히 받들지 못한 것이 평생에 큰 유감이었다. 그러다 내가 선종사 문하에서 배운 사정은 아래와 같다. 홍암대종사(홍암 나철-필자 주)는 내가 경술년(庚戌1910년) 마지막 무렵 간동에서 처음 뵈었다. 12월 23일 · 25일 · 27일 사흘 밤을 홀로 모시고, 역사와 대종교와 시국에 대한 교훈을 감격하며 들은 뒤에, '단애 윤세복(檀崖 尹世復)'의 새 호와 이름을 받고 대종교를 신봉하게 되었다.
이듬해 신해년(辛亥1911년)봄에 시교의 책임을 지고 남만주로 떠나간 뒤로는 동서에 서로 떨어져 소식조차 오래 막혔다가, 병진년(丙辰1916년)가을에 무송(撫松) 감옥에서 '죽고 삶이 몸뚱이 껍데기에 있지 않고, 믿음과 의리는 오직 신명으로써 증거되느니라.(死生不在軀殼 信義惟證神明)'이라는 유서를 울며 받들었다.
무원종사는 내가 대종사를 뵈옵던 둘째 날 밤, 곧 경술년(庚戌 1910년) 12월 25일 밤에 대종사의 소개로 잠깐 얼굴을 뵈었으나, 말씀 들을 겨를은 없었다. 그 뒤 총본사는 북만주 밀산(密山)으로부터 영안현(寧安縣) 남관(南關)으로 옮겼고, 나는 남만주 환인(桓仁)으로부터 무송현 지방에서 시교도 하고 교당도 마련하기 10여 년인 신유년(辛酉1921년) 가을에 서일도본사(西一道本司)의 전리(典理)로 임명 받던 전후 몇 차례 왕복이 있었을 뿐이다.

그러다 두 해 뒤 계해년(癸亥1923년) 겨울 내가 화전현(樺甸縣)에서 낙상하여 치료하던 중 천만 꿈 밖에도 '상교 윤세복을 사교로 뛰어 올리고 경각의 인장을 맡긴다.(尙敎 尹世復 超昇司敎 委任經閣 符印)' 란 종사의 유명이 계셨다는 전보와 글월을 받잡고, 허둥지둥 망곡식을 거행하였다.

백포종사는 나와 동갑인데, 입교한 교적부에 의하면, 나의 후진이면서 또한 먼저 깨달은 이가 되시었다. 백포종사의 출생지는 함경북도 경원(慶源)이요, 나는 경상남도 밀양(密陽)이며, 또 옮겨와 살던 곳이 백포종사는 동만주 왕청(汪淸)이요, 나는 남만주 환인(桓仁)이라. 남북이 서로 멀어 사귈 인연을 얻지 못했었다. 3·1운동 당시에는 천산(天山) 뒷기슭 한 가닥 산마루를 서로 격하여 백포종사는 화룡현(和龍縣)에서 군사를 훈련하고 나는 무송현에서 터전을 지킨 지 1년 남아에 오가는 사람 편에 소식은 서로 통했으나, 끝내 한 번도 만나 보지 못한 채 청산리(靑山里) 싸움에서 일본군을 무찌른 것과 당벽진(當壁鎭)에서 조천하신 소식을 교보로써 알고 통곡할 뿐이었다.

내가 무원종사의 유명을 이어 갑자년 봄 영안현(寧安縣)에서 직위에 욕되이 오른 뒤에야 상해(上海)에서 출판한 종경(신고강의·신리대전·신사기·회삼경)을 처음 받들어 읽고 백포종사의 공덕을 감탄하여 마지못했으며, 세 분 종사께서 이미 다 조천하신지라 경전의 뜻에 풀기 어려운 데가 있어도 물어 볼 곳이 없음을 스스로 슬피 여기고 한탄했었다. 따라서 나의 앞길은 오직 거친 광야를 헤매는 외롭고 적막한 생애였다.

내가 험악한 풍조에 밀려서 흥개호(興凱湖) 가에서 숨을 돌리고 경박호(鏡泊湖) 언덕에서 다리를 쉬면서, 20여 년 보따리 장사를 하였다. 그러다 임오년 교변을 만나 봇짐은 왜적에게 다 빼앗기고 동지 열사람이 희생되었으며, 3년 동안 옥에서 고생하다가, 드디어 해방의 종소리가 들리자 빈 몸으로 옥문을 나서니 어허! 손에 태극기를 들고 입으로 만세를 부르는 우리 동포가 떼를 지어 행진하는 것이야말로 정말 꿈 같은 경지가 아니고 무엇이랴!

내가 만주로 건너간 지 36년 되는 병술년(丙戌1946년) 봄에 압록강을 도로 건너 서울에 도착하니, 봄 추위는 아직도 혹독하여 눈에 뵈는 것이 처참하나 다만 태극기가 하늘에 날리고 만세 소리가 드문드문 귓전을 울리는 것이 새 봄의 기상이었다.

그러나 묵은 한과 새 근심을 이기지 못하는 내 몸은 차츰 병마로 더불어 벗하게 되었다. 이 해(1946년) 가을에 경각 사무는 동지에게 위임하고 한때 휴양하던 중, 수십 명 청년들의 요청으로 몇 주일 동안 회삼경을 강의했으나, 그마저 사정으로 다 마치지 못했었다.

나의 어지러운 생애는 1년을 지나고 올해 봄부터 공무 틈틈이 않는 사이사이 회삼경의 번역을 대강 탈고했으나, 주석과 해설이 밝고 자상하지 못한 곳이 많을 것이다. 나의 학식이 모자라는 탓이니 뒤에 오는 동호자가 바로 잡아 주기를 바라는 바이다. 또 이것은 나의 40년 동안 대종교 생활의 참담한 역경을 대강 서술한 것이어니와, 어질지 못한 나를 동정해 주던 뜻을 같이한 벗이 이제 몇이나 남았는고."

대종교와의 만남과 삼종사와의 인연을 진솔하게 드러내고 있다. 그리고 40년 동안 대종교인으로서의 삶이 '슬피 여기고 한탄'·'외롭고 적막한 생애'·'참담한 역경'과 연관됨을 알게 된다. 시대의 질곡에 맞서서 피하고 숨고 투쟁하며 살아온 대종교지도자로서의 필연적 회한일 듯하다. 그러면서도 윤세복은 '죽고 삶이 몸뚱이 껍데기에 있지 않고, 믿음과 의리는 오직 신명으로써 증거 되느니라'라는 나철의 유언을 마음 속에 지우지 않았음을 본다. 즉 대의명분으로 모든 것을 극복하고 삭혀버린 것이다.

마침내 우리 현대사의 거목이 쓰러졌다. 윤세복이 유언 3조를 남기고, 향년 80으로 대종교총본사 대일각에서 운명한 것이다. 1960년 2월 13일 오후 2시 30분이었다. 애초 윤세복의 장례는 그의 유언에 따라 간소하게 화장하여 처리하려 하였으나, 사회 여론에 의해 사회장(종교회장)으로 할 것을 결정하였다. 대종교에서는 같은 날 오후 5시에 총본사 회의실에서 장례의례를 협의하고, 최종 대종교회장으로 결정하고 다음과 같이 장례위원을 선임했다.

委員長: 金 準

委 員: 鄭 寬, 李鎭求, 金正羽, 李興秀, 金斗鍾, 金鎭晧, 金茂林, 姜鎔求, 李 光, 金尙學, 閔孝植, 金永珍, 朴昌和, 金承學, 許 岩, 金中和, 朴明鎭, 辛大植, 黃 燁, 申泰允, 尹復榮, 崔恒黙, 金顯昇, 鄭元澤, 嚴柱天, 柳昌変, 金正祥, 姜天奉, 李顯翼, 鄭碩鎭, 鄭俊模, 金龍國, 申伯雨, 尹容宣, 劉貞淑, 鳴錫滿, 李容兌, 李邦翼, 金 燁, 鄭弼善, 張 炳, 閔弼鎬, 張道斌, 趙昇鎬, 朴 洸, 金熙宗, 朴 岩, 朱東文, 文章変, 成周煥, 金熙均, 池應奎, 裵鳳朝, 趙妙法, 李源台, 趙雲明, 李東錫, 張健相, 李松成, 崔察路, 李南星, 李邃榮, 全永東, 朴魯澈, 徐相日, 李在英, 朴始俊, 申性模, 朴 天, 李秉岐, 安浩相, 羅鍾權, 李 鐸, 李範奭, 太興先, 洪性初, 李世楨, 李元甲, 李祥薰, 孟柱天, 權相振

그리고 2월 17일 오전 10시에 대종교총본사 앞뜰에서 장례위원을 비롯하여 각 종단 및 사회단체대표와 재경(在京) 교우(教友) 등, 2백여 명이 참례한 가운데 영결식을 거행했다. 교우(教友) 대표로는 한뫼 안호상이 애도사를 낭독했으며, 서상일은 재경(在京) 대동청년단 대표로, 이인(李仁)은 영남친목회 대표로 각기 애도사를 읊었고, 신숙(申肅) 역시 애도사로 윤세복의 죽음을 슬퍼했다. 또한 산운 장도빈, 심산 김창숙, 백강 조경한 등, 많은 사람들이 만사(輓詞)도 읊었다. 그 중 하나인 장도빈의 만사를 적어본다.

나라 사랑 백성 걱정으로 팔십 년 / 愛國憂民八十年
하루 아침 이별하여 하늘로 갔나 / 一朝仙馭去朝天
하늘 빛 드리움에 대종교가 빛나니 / 惟看大敎垂光燄
긴 세월 길이길이 이어지리라 / 千秋萬歲永綿綿

　당시 교단 내외 각계 인사들의 발기로 사회장도 대두되었으나, 총본사에서는 스승인 나철의 검소한 장례 전례(前例)와 윤세복 스스로의 유명(遺命)을 받들어 교회장(敎會葬)으로 화장(火葬)하여 유회(遺灰)를 한강에 뿌렸다.

7. 맺음말

　윤세복은 자신의 모든 것을 대종교와 독립운동을 위해 바쳤다. 나철로부터 감명을 받고 대종교에 입교한 후, 대종교 교당과 학교와 독립운동근거지를 일치시킨 교학일여(敎學一如) 군교일치(軍敎一致)의 정신을 몸소 실천하는가 하면 수많은 독립지사들에게 미친 정신적 감화는 대종교 무장항일운동의 중요한 거름이 되었던 것이다. 그리고 그는 그의 당호(堂號)인 허당(虛堂)이라는 이름에 걸맞게 자신의 업적이나 영달의 기록을 일체 남기지를 않았다. 오직 하나 마지막까지 풍요롭게 품었던 것은 나철의 가르침 '국수망이도가존(國雖亡而道可存)'이다. 이 경구의 실천이 그의 살신성인의 삶에 지표가 되었으며, 이러한 삶의 지표가 그를 통해 무장항일운동에 일파만파의 행동으로 연결되었던 것이다.

　1909년 비밀청년운동 단체인 '대동청년단'에 가입하여 구국의 꿈을 새기기 시작한 윤세복은, 대종교에 투신하면서 더욱 심화시켰다. 윤세복은 나철로부터 깊은 감명을 받고 본명 세린(世麟)을 버리고 단애(檀崖)라는 호와 세복(世復)이라는 이름을 받고 대종교의 길을 걷게 된다. 그리고 다음 해인 1911년 1월에는 참교(參敎)의 교질을 받고 시교사(施敎師)로 임명되어 서간도 지역의 포교를 담당하게 되었다.

만주 환인현에 거처를 정한 윤세복은 우선 대종교계열의 학교인 동창학교를 설립했다. 후세들에게 단군사상을 교육하고 민족의식을 고취함으로써 조국의 독립을 보다 빨리 달성할 수 있을 것으로 생각했기 때문이다. 동창학교가 항일민족독립정신의 바탕 위에 단군을 모시는 민족종교인 대종교의 종립학교로서 날로 발전해 가자, 일제는 중국 관헌에 외교적으로 항의하여 동창학교의 폐교를 시도했다. 윤세복이 무송현으로 이동하게 된 지접적인 이유였다. 무송현으로 이동한 윤세복은 다시 백산학교(白山學校)를 설립하여 민족교육의 고삐를 놓지 않았다.

한편 1917년 7월 윤세복은 대종교의 핵심인물인 박은식 · 신채호 · 조성환 · 홍명희 · 조소앙 등과 참여하여 14명의 명의로 「대동단결선언」을 발표하고, 1918년(무오년) 11월(음력) 만주 길림에서 발표된 「대한독립선언서(일명 무오독립선언서)」에도 참여하면서, 완전한 자주독립과 항일무장독립운동이 한인독립운동의 행동지침임을 분명히 하였다.

그리고 1923년 대종교 2세 교주 무원 김교헌의 유명(遺命)을 받들고 제3세 교주에 취임하였다. 윤세복은 신민부를 중심으로 한국귀일당(韓國歸一黨)을 만들고 김좌진, 정신, 유현 등과 이끌었다. 한국귀일당은 우리 민족 모두 일민족(一民族)으로서, 단군을 모신다는 대종교적 민족주의를 뚜렷이 했다. 대종교의 교세가 확장되자, 일제의 압력으로 포교금지령을 당했다. 부득이 대종교의 거점을 밀산 당벽진으로 옮긴 윤세복은 이곳에서 대종교의 재기를 준비하였다. 1931년 박찬익, 조성환, 이시영, 이동녕 등의 대종교도의 노력으로 포교금지령은 풀렸으나, 1932년 일제의 괴뢰 만주국이 세워짐으로써 또 다른 기로에 접어들었다.

윤세복은 정면 돌파를 선택했다. 이어 밀산에서의 6년 침묵을 털고 합법적 절차를 거쳐 포교선도사업을 새롭게 시작했다. 그러나 일제의 대종교 포교 허가는, 그것을 계기로 대종교의 중심인물들을 표면으로 드러나게 함으로써, 대종교를 근본적으로 폐쇄시키고자 하는 회유책이었다. 마침내 1942년 11월 19일, 국내에서는 조선어학회사건과 때를 같이하여 만주와 국내 각처에서 교주 윤세복을 비롯한 대종교지도자 21명을 동시에 체포했다. 이것이 대종교의 임오교변이다. 임오교변은 일제가 식민지 지배를 영구히 하고자 하는 목적으로 일제에 항거하는 항일단체나 독립운동자를 일제히 검거한 정책적인 조치로서, 일제하 희대의 종교적 탄압사건이었다.

임오교변 당시, 일제의 악랄한 고문으로 죽어 간 열 명의 순교자를, 대종교에서는 임오십현(壬午十賢)이라 부른다. 또한 윤세복을 비롯하여 나머지 간부들은 윤세복의 무기형을 비롯하여, 다른 인물들도 15년에서 7년까지의 형을 선고받고 복역하다가, 8·15광복을 며칠 앞두고 출옥하였다. 감옥에서 나온 윤세복은 감옥 생활의 피로에도 불구하고 시교당과 학교를 설립하여 포교와 교육활동을 멈추지 않았다.

마침내 윤세복은 1946년 2월 그리던 고국 땅을 밟는다. 고국을 떠나 만주 땅을 밟은 지 36년 만의 환국이었다. 윤세복은 대종교의 불모지인 국내로 들어와, 국학의 보급과 대종교 교리 연찬 활동 및 학교 설립에도 신경을 기울였다. 그리고 단촐한 유언 3조를 남기고 향년 80세로 숨을 거두었다. 1960년 2월 13일 오후 2시 30분이었다.

一. 崇奉 神道 三十年에 教理 闡明 못하였고
　　猥受 師託 二十年에 教門조차 못지켰네
　　게다가 神國民으로 神倧報國 빈 말뿐

一. 이 세 가지 큰 罪짓고 무슨 廉恥 白髮인가
　　한우님은 성내시고 사람마다 미워하네
　　廣大한 天地 間에도 둘 곳 없는 이 몸을

一. 俗吏에게 손을 빌어 檢擧되고 拘束하니
　　寧安 거쳐 牧丹江에 유치장의 囚徒일세
　　听取書 一千三百張 前後 取調 백 열 번

一. 한 사람의 죄악으로 연루자가 스물인데
　　아홉 사람 병에 죽고 다섯 사람 놓아갔다
　　지금껏 一年 三個月 법원 起訴 못 정해

一. 하루 두 끼 죽 두 碗씩 뼈가죽이 서로 붙고
　　雪窓氷板 三冬내니 새우잠에 허리 굽어
　　休力이 不及하므로 法庭 公判 못 볼 듯

一. 이 몸이 獄死한 뒤 유해를 出送커든
　　원컨대 동지들아 그 당시 火葬하야
　　목단강 흐르는 물에 남은 재를 던져 주

一. 또 만일 출옥되면 갈 곳이 어디메뇨
　　아 백두산 저 기슭에 한줌 흙이 되었다가
　　天眞殿 新建築할 제 기와 바침 하오리

一. 뭇을 위해 살았다면 그 아니 복일런가
　　敎를 위해 죽는다면 그 아니 영광일까
　　제 한 몸 돌아볼 적에 아무 근심 없어라

　　　　　　- 이 글은 단애 윤세복 종사가 임오교변으로 구속되었을 당시,
　　　　　　　　감옥 속에서 읊은 〈감중자술(坎中自述)〉 8수다. -

국학의 고향 만주를 가다

초판인쇄 2025년 01월 10일
초판발행 2025년 01월 10일

지은이 김종성
펴낸이 채종준
펴낸곳 한국학술정보(주)
주 소 경기도 파주시 회동길 230(문발동)
전 화 031-908-3181(대표)
팩 스 031-908-3189
홈페이지 http://ebook.kstudy.com
E-mail 출판사업부 publish@kstudy.com
등 록 제일산-115호(2000. 6. 19)

ISBN   979-11-7318-160-3 93910